我思

敢於運用你的理智

崇文學術·邏輯

墨辯討論

欒調甫 編著

長江出版傳媒
崇文書局

圖書在版編目（CIP）數據

墨辯討論 / 欒調甫編著. -- 武漢 : 崇文書局，2024. 11. --（崇文學術）. -- ISBN 978-7-5403-7821-9

Ⅰ. B224.5

中國國家版本館 CIP 數據核字第 2024RM7482 號

墨辯討論

MOBIAN TAOLUN

出 版 人　韓　敏
出　　品　崇文書局人文學術編輯部
策 劃 人　梅文輝（mwh902@163.com）
責任編輯　梅文輝
封面設計　甘淑媛
責任印製　邵雨奇
出版發行　長江出版傳媒｜崇文書局
地　　址　武漢市雄楚大街 268 號出版城 C 座 11 層
電　　話　(027)87679712　　郵　編　430070
印　　刷　武漢中科興業印務有限公司
開　　本　880mm×1230mm　1/32
印　　張　6.25
字　　數　120 千
版　　次　2024 年 11 月第 1 版
印　　次　2024 年 11 月第 1 次印刷
定　　價　58.00 元
（讀者服務電話：027—87679738）

子學社叢書

墨辯討論

張默生題

温子培先生序

吾華學術，至周秦已蔚成大觀，所謂儒墨名法道五家，皆卓然樹立，無所依傍，而論者亦初無軒輊。漢興，罷黜百家，表彰儒術，於是諸子學說，遂次第就湮，甚且並其書而不傳焉、漢書藝文志墨子書計七十一篇，隋書經籍志爲十五卷，又目錄一卷；至宋中興館閣書目，已亡去十篇，今則祇餘五十三篇、刋墨子本收入道藏，賴以幸存，蓋亦僅矣！而五十三篇中，名理所萃，尤悉在經說上下四篇。此四篇者，卽晉魯勝所注之墨辯，亦稱辯經，文理奧衍，佶倔難讀，復經傳寫訛脫，簡篇綜錯，而愈不可究詰，以是二千年來，少有問津者。

魯注不傳久矣；淸儒雖有數家校注，率囿於拘虛，不免穿鑿傅會、而於微言大義，更少發明、海通以還，學者習聞博愛大同之說，曁光重邏輯之理，於是追本溯源，羣致力於墨子；而墨辯之談，尤爲時流所趨，梳字櫛句，雖間有創獲，惜多武斷譌奪，各是所是，未或一當、蓬萊欒調甫先生，好學深思，精研墨學逾十稔，所箸名經注一書，分條析理，稽要鈎玄，於辯經舉無遺義，惟不肯輕以示人，世鮮知者，前年偶於報端披露讀梁任公墨經校釋一篇，遂引起海內墨學家之討論，函扎往還，積稿盈尺，執經探索，頗多發明，而調甫悉爲整理，於其意之可採者，則摘而存之，加以案語，繼復益以己說，遂裒然成帙，顏曰墨辯討論、

夫「名」「故」「理」「類」，本愈覈而愈實，亦愈辯而愈明，若斯討論，而墨經疑滯，實已一一椎破；學者得之，則向之所謂難窺涯涘，望而却步者，至是如庖丁剸牛，可觸處迎刃而解矣、然則先生嘉惠學子，其功顧不大哉？

抑猶有進者，愚自束髮受書，卽與調甫晰夕共几硯，恆見其默則思，動則事，深契夫墨子之道；意者其先以墨道行之於身而因以易天下者耶？若然，則先生恢張絕學，其意深且遠矣！

茲當全書付梓，迺不揣譾陋，聊貢片言，以弁厥端焉、是爲序、

一九二五，十，二十、

後序

日人遠藤隆吉氏云：『支那人之爲性，長於叙述，短於概括；其所述作，未能使人一目瞭然，有若歐美人之所爲者。』吁！其然耶？其不耶？蓋嘗質正於合肥黃先生右參矣、先生潛心經史，於龍門書尤有獨到之研究．其言曰：『華夏學者思想之無系統，勿容諱言．方其治一業也，有不憚竭畢生之精力以赴之者，其勇往直前之概，自足多焉、惟鑽研所獲，率不失之籠統，卽失之片段，罔能有眞確之概念，足自樹立者；而武斷譌奪，更無論矣、故斯人探討雖勤，而斯學之未鑿如故、倘後人繼踪其役，其紆廻曲折，漫無頭緒，一如彼始業者、夫事用其倍而功不進，是以二千年來未嘗對於一種學術加以適當的整理，以裨益後學．可慨也夫！』碌退而思之：若夫先秦諸子學說，其卽以此故而湮埋弗彰，幾若「斷爛朝報」以至於今耶？

輓近學者，侈言墨辯，有魏晉淸談之風．第時流每於檢討之餘，恒喜執一二事以相高．而其實於墨經義蘊所在，並無新剖．太炎且嘗病其「辭費」，而目之爲「駢語」矣、噫！豈果彼日人之言然耶？頎固久懷此而弗決者也、

年來讀蓬萊欒先生墨辯討論，明其以科學方法，整理舊學，思想緻密，義例謹嚴；微夫子之發吾覆，則頎幾爲遠藤隆吉氏所誤矣．夫先生之治墨辯也，覃思十年，輒督總理，無所不用其極．一義之立，務使切當於名理外，尤復標新領異，以啟發兩千載之嘖嘖、誠如伍非百所云：『發前人所未發』者也．例如：考定竹簡帛卷之體製，以明旁行牒字公例淵源之有自；分堅白爲離盈兩宗，同異有別合二派，以示楊墨鄧惠論辯之所在．至於別「誼」「義」之字，亦能分析儒墨不同之點；通「彼」「匪」之讀，更足釋章胡無謂之爭、而斷五行論有常勝與非常勝之派別，尤係推翻舊案，爲墨學另樹新幟．凡此皆犖犖大端，它更不勝枚舉．然則墨辯討論之輯，猶豈僅剔字爬句，釐誤董譌，能便初學者哉？宜乎梁任公肯許以「有卓識，明於條貫，」而能爲「石破天驚」之「發明」者也．繇此觀之：則行巖所謂「墨學祭酒」者，亦唯先生克當之矣、

抑尙未能已於言者：碌生長僻壤，不克從名師遊，雖於先秦書多所誦習，率皆淺嘗膚受、「不得其門而入，不見宗廟之美，百官之富，」煢乎陋矣！壬戌之秋，負笈東來，道出大梁，謁鄉先賢世伯張子晉先生，叩以爲學之途、時先生方有事於墨、旣一再訓勉有加；復諄屬碌曰：『齊東欒調甫先生，識弘才篤，爲當代理墨名家；苟相値，務師之，足裨汝前途也．』碌識之，不敢忘、來東後，訪經年，訖未一見、或告之曰，師方客京畿，翌年碌亦就學燕京，蓋欲蹤跡夫子，而「亦步亦趨」者也、在京，繼且聞張仲如先生之稱道，而嚮往愈切、今也何幸！得厠門牆，耳提面命，所入漸佳、爾洒一憶疇昔，其歡欣鼓舞，寧復能形諸楮墨？然則碌之辱渥沾漑，殆亦有數耶？

且夫子晉世伯，天賦優異，能文章，好學不倦．所著墨經注及大取篇釋義，均脫稿於數十日內，其成績至可驚也、及致仕後，尙欲飽讀十年書，以窮究竟；不意言猶在耳、遽歸道山，傷痛之餘，益自奮勉，頗思紹續其業，以發揮光大之，而不敢以駑鈍自棄也、幸先生朝夕督敎焉！門人鄧縣孫碌謹序．

一九二五，一二，一五，於濟南。

墨辯討論目錄

温子培先生序
後序
讀梁任公墨經校釋……一
張子晉先生來書……二四
評梁胡欒墨辯校釋異同……四二
讀伍非百評梁胡欒墨辯校釋異同之管見……六九
楊墨之辯……九四
梁任公先生書……一〇三
旁行釋惑……一〇四
平章胡墨辯之爭……一一六
讀張子晉墨經注……一三一

讀伍非百墨辯解故……一四五
張仲如先生來書摘存……一五七
致張仲如先生論刑名書……一六五
堅白盈離辯考證……一六六

讀梁任公墨經校釋

欒調甫

墨經就是墨子書內的經上下兩篇、連經說上下與大取小取一共六篇。是當日墨子言談的法儀、與其後墨者辯論的方法。這是子書中有名難讀的幾篇書。從前孫星衍作墨子後序亦曾說過、『漢唐以來通人碩儒博貫諸子、獨此數篇、莫能引其字句、以至於今、傳寫譌錯、更難鉤乙』的話。但是因爲愈難讀的緣故、愈足引起學者研究的興趣。前人如張皋文、楊葆彝、孫仲容、今人如章太炎、梁任公、胡適之、都是專門研究這幾篇的作者。自經這一番研究、那篇中譌脫的文字、與奧秘的意義、亦漸漸由難讀進到可讀的地位。就中如太炎國故論衡的原名、諸子學略說的論名家、任公墨子之論理學、適之中國哲學史大綱的論別墨、所評釋的、雖然不必盡當、但他們均能從名學上立論、這種明確的眼光、已遠非段玉裁、郝懿行、談小學、鄒伯奇、殷家儁、講光學一流的人、所可同年而語的了。現在梁任公又將他二十多年研究所得的、著爲墨經校釋一書。我對於這樣長期研究的精神、實在是非常敬重。所以現在本著我這敬重的心意、願把我讀這書不同意的地方、與我所認爲是缺點的、一一寫出來。

但是我要預爲聲明一下、就是現在我所指摘的缺點、不過僅就我個人的愚見、說出來與大家討論的、這還是個是非不可必的時候。再進一步講、假定我說的完全無誤、那原書著作的價值、仍然存在。就是他著作的精神、也靡有絲毫可以輕藐的。我們應知這幾篇難讀的地方、除了譌脫奧秘之外。第一：這是墨家的創作、而且又是名家專門學術。篇中字義名理、與儒玄兩家全然不同。就是現存的幾部的子書、能爲我們做參考的材料、亦覺甚少。第二：古來名家的篇籍、全都散失。現行的鄧析子尹文子公孫龍子、雖說與漢書藝文志名家所著錄的名目相同、其實都是後世僞托或經改過的書、莫有完全可信的價值、與可參考的材料。第三：古來名家、早已亡絕。雖有漢晉唐宋幾個學者、在那裏研究這種學問。但能澈底明白這幾篇的、簡直可說是魯勝之外無二人。就是他們解釋的幾條、亦覺得無甚價值可說。這三件是讀這幾篇最大的難處。所以現在要來研究、全是打開書本直接去同二千年前古人交涉的事。要憑着自己能力、去問而思而辯、一步一步『敏而求之』、不是朝抄夕成、可以作得來的。這樣看起來、著作的缺欠、自然是莫可免的。所以我讀這部校釋、雖有些不滿意的地方。但我對作者這番勤力、却是自始至終、祇有敬重、而無絲毫輕藐的心。就是讀我這篇的讀者、對於本書亦當如此。

至於本書最大的缺點、我以爲是校釋內、隨意改字刪字的辦法。這點、胡適之後序上、已經說過。現在祇就書內引兩條來說說、這也是我向來讀畢秋帆校注、孫仲容閒詁所不滿意的地方。

一經上第四九條經說『動偏際從若戶樞它蠶』 案這條原文是『動(牒字)偏祭從者戶樞免瑟』孫仲容墨子閒詁疑偏祭當作偏際、從當作從、免瑟當作它蠶。梁先生本孫校、又改者爲若、遂成今文。這是以意改字的例。據本條釋的、雖說言之成理、但我終以戶樞免瑟四字、張皋文墨子經說解『瑟蝨同、戶樞不蠹動故也』的解釋、正確無誤。瑟蝨同、雖無證據、(案史記韓世家公子蟣蝨國策作幾瑟爲蝨瑟相通之證特注於此以誌余陋)但淮南子說林訓『頭蝨與空木之瑟、名同實異也』。這空木之瑟、當是說文訓「木中蟲」的蠹。呼蠹爲瑟、當是古人方言如此、這「瑟」字當然是箇假聲字。張釋『戶樞不蠹動故也』正用呂氏春秋盡數篇『戶樞不螻動也』的意思、來釋經動義的。孫仲容不知瑟卽蠹、反說張解非是、未免以不狂爲狂了。(經下第八條說蚒與瑟孰瑟二瑟字皆如字讀首爲木中蟲之蠹次是蟲齧木之蠹)

二經上第六條『恕明也』 案這條原文是『恕明也。』孫仲容據道藏本、吳鈔本、改「恕」爲「恕」、這是據他本改校本的例。因「恕」字不見字書、所以顧千里說：『卽智字』、梁先生疑是「智」字之古文。但經上下兩篇、全未用過「智」字。照這樣推想、當然「恕」卽「知」字本文當爲『知明也。』（案寶曆本異文云一作知）案自第三條起至第六條「知」「慮」「知」「恕」四者、是說「知」的材能動作。「慮」就是莊子庚桑楚篇『知者謨也知者之所不知猶睨也』的「知」。據此不但可以改「恕」爲「知」、就是改「慮」爲「知」也可通的。所以現在只有用經說牒字的例來辨正他。（牒字例見後）經說牒字、原是便於檢尋的原故、所以他牒字的常例、每條只舉經文的一字、到了『知材也』、乃牒「知材」二字、這是因爲『知接也』一章、前後相次太近、若兩章都牒一「知」字、就難於分辨、所以他變例牒二字。這條變例既明、若果然本章「恕」當作「知」、是知字起首的、一共有三章、他在『知接也』或『知明也』兩章中、最少當有一章牒二字的。今本既均不牒二字、便知『恕明也』之「恕」、決不作「知」。再進一步說、經說『恕明也』一章所牒的字、就是道藏本、吳鈔本、連梁先生所錄的明嘉靖癸丑本都仍作「恕」、這尤其顯然爲「恕」由「恕」字形近致譌的鐵證。案嘉靖本卽著錄家所謂唐堯臣本今以兩本對勘始知畢刊意改舊本處極多此經恕字爲畢據一說改者考諸本亦蓋作恕是經與說恕恕二字之正譌尙不易定也校書之難如此益見一知半解者輕發議論之輒無當也

癸亥三月記於京師

就這兩條說、那種以意改字、與據他本改字的辨法、實在有些不大妥當。我以爲極其流弊、

可以與梁先生說的、『強作解事、奮筆肊改、譌復傳譌』的危險一樣。總而言之、我們現在肯在這些古籍上來研究、原是希望將古人的意思弄淸楚、或者可以得些知識出來。若我們不去詳觀細問的推求、只顧就文字隨筆亂改、縱然說得圓滿中聽、其實反將原書的眞意、與可解的文字塗模糊了。我以爲妄勤數十年有用之日力、來作這蠹魚蛀書無謂的生活、實在有些不値得。所以我的意思、凡校注古書、最好將他本不同的字、與校者所疑當爲某字的、都附注在本文下、如此就是我們現在不能解的、或讀解錯的、都可留與後人來解或替我們審正。那麼就是古書的文義、無論如何玄奧幽秘、也就不患莫有明瞭的日子了。

研究經與經說第一步、要明白兩箇例子。一、是經上下篇旁行讀的例。一、是說上下篇牒字的例。這是我入手研究經與說時所立的例、雖說諸家都已說過、但我覺得他們說的不能十分透徹、所以在這裏詳說一下。也就算是我對於讀者研究這經與說的一種貢獻。

一旁行讀　這是說經上下篇、古本分句寫作兩重、旁行讀其文的。要說明這箇例、須知我們現在讀的書、是已從竹書、帛書、册子、本子、進化到四級的。竹書、是用韋或青絲穿若干竹簡編作篇的。帛書、是把縑素捲作卷的。譬如漢書藝文志著錄的墨子七十一篇、是竹書。隋書經籍志著錄的墨子十五卷、是帛書。古人藏書竹帛分論、所以現在說旁行、亦須竹帛分講。據漢志上說、劉向校書率簡二十五字者、脫亦二十五字、簡二十二字者、脫亦二十二字的話。並照舊說五經之簡長二尺四寸的話。推算起來、竹簡上每字所佔的地位、平均約在一寸上下、這必是寫作一行、當然莫有旁行的問題。（詳見拙注經上下篇旁行例）本子就是現行的書、我們從前在書塾裏所讀三字經百家姓千字文一類的書、雖作兩重排列、却是順行下讀的。（案此是離句體故順行下讀）册子與本子相類、依習慣便利上想、當然亦是順行讀的、所以推考旁行的歸結、到卷子書（即帛）上。並且我還有兩箇確證。第一、經下說鑑三句、本是說景後的脫簡、誤置於前的。他第三句「鑑團景一不堅白說在」、前四字是說鑑、後五字是說堅白、原本是兩箇半章、現在讀作一章、必是分章者誤連讀的。分章者既在竹書錯簡之後、而且不能明悉經文的意義。我覺着周秦的墨者、或名家、決不如此粗陋。就是漢初的人、雖司馬談說他們『不達其意而師悖』的話、但據鹽鐵論第八說淮南衡山的時候、山東儒墨、咸聚江淮的話、知道那時民間的墨者、還有存在。再看他第三十一記丞相史因爲賢良辯論過當、引出公孫龍一段話來、就可知當時除了一般儒者先生之外、（賢良誤以公孫龍爲孔子弟子字子石者蓋儒者惟知六經而不問六家九流之業的）還有些人在那裏研究名家的學問。所以我武斷的說、這位分章者、是西漢或漢以後的人物。第二旁行讀除了本經上下篇外、還有後漢書朱景列傳後的三十二將名次、據考證引羅氏聞見錄舊本亦是寫作兩重旁行讀的。後漢書的著者范曄、是劉宋時人、那時正是帛書盛行的時候，范曄的寫法讀法、當然是那時候的通例。我們由是推想、墨經分章的時代、也就約略可知了。至於古人爲何要分章寫作兩重、我的肊說是六朝的道家先生們、分章以便讀的寫作兩重、是爲圖省卷子上的空位。經上篇後「讀此書旁行」五箇字、是注明兩重文旁行的例。我以爲這是唐宋間人寫的、因爲那時兩重旁行的例、已不通行、所以特注此五字、以告讀者的。若在六朝的時侯、盡人皆知、何勞附注這幾箇字呢。案史記正義諡法解其諡文每諡佔一行亦奇偶行各自承接知正義原本作兩重排列亦旁行讀並知此例唐時猶通行

二牒舉字　這是說經說上下兩篇、每章說經之文、章首皆牒舉經文首一字或二字以爲標識。梁先生說的公例、是『凡經說每條之首一字、必牒舉所說經文此條之首一字、以爲標題。』這話是很對的、不過他定了這牒首一字的正例、還未想到牒二字的變例、他又老守着這半條公例、不曾想到經說還有脫文的地方、就只講文例、不顧文義的胡亂運用起來。所以胡適後序很不謂然、要替他改正這公例、說是『經說每條的起首、往往標出經文本條中的一字或一字以上。但(1)不限於經說每條的首一字、(2)不限

於經文每條的首一字、(3)不必說「必」、(4)不可說此字在經說中決不許與下文連讀成句。』這話固然不錯、但我得代梁先生向胡先生聲辯一下、因爲梁先生說的、是古人說經牒字標識的公例。胡先生說的、是今人用這公例來讀經說應取的方法、是兩件事、不容併作一處說的。我照公平來判斷、梁先生用公例的方法、實在有些可議、但他說的公例、未可厚誹。他說所牒的字『在經說文中決不許與下文連讀成句』的話、我認爲很對、且爲我極端同意的。不過梁先生因疑今本之經及經說皆非盡原文、必有爲後人所附加者、遂說『經說每條牒經標題之字亦必非原有』、又因胡適對於牒字例懷疑、乃說其所以牒經文首字、正如宋本書之夾縫、每恆牒書名之首一字』的一些話、我以爲這是愈說愈糊塗、愈講愈不淸楚了。我以爲古人的牒字、就是我們現在標章摘句的辦法、因爲古人的竹書是篇爲一書、不像現在一本數卷、一卷數篇、連屬在一起的、所以古人解經說經的著作、皆是另篇別爲一書、有如史記索隱之單行本。這樣看起來、周易古本十二篇、是十翼各自成篇獨立的。(大抵古人傳經之作皆依本經之篇數分篇若解經之文過多則更分爲數篇而不全解者雖經分爲數篇解則不妨併爲一篇此變例也)周易的公例、我們不能詳說、但如管子書內現存的形勢諸解、韓非書內的解老喩老二篇、都是於每條完畢之後、引所解經文全句、而加故曰二字的例、是極顯然的。我想或牒一字於句首、或錄全句於解後、或者是說解的體例、或者是行文的便利、雖未能確爲斷定、但古書因爲另篇別爲一書的緣故、勢不能不用這種牒字的辨法、以便於檢說讀經、是不容疑的。至於卷册以後、有雙行小字夾注的便利、自然用不著牒字。但因原書卷帙浩繁、或未能全注的、也就不能不用標章摘句的法子。不過現在牒的是大字、注的是小字。或均用大字、牒成文之數字或一句、與古人有些兩樣罷了。

以上兩條例、是我們研究這經與說最要緊的因爲若不明白旁行的例、就不知曉經上下兩篇之文、綜錯的緣故、而且難以引說來解經。若不明白牒字的例、就不能分清說上下兩篇的句讀。

現在再就本書校釋的、擇出十幾條。但是(一)校釋完全與我相同的、不必說。(二)校釋的理由、雖覺可信、但我一時尚未能完全領悟的、不能說。(三)校釋的理由、雖覺不充足、但我一時尚未能澈底指證的、不敢說。這三箇條件、前一有我作的名經注在、(我叫這經是名經與魯勝稱爲辯經的意思一樣)後二、惟有等着我能領悟或指證的時候、再來請教罷。

經上

三九【經】同異而俱於之一也。(之訓此)四〇【經】久彌異時也。四一【經】宇彌異所也。(宇舊作守)

此悉依校釋本校云：『前文「利害」「譽誹」「賞罰」皆兩義對舉、分爲兩條、此處亦應爾。竊疑第三十九條、本應在下行、不知何時錯入上行、遂將此兩條擠併爲一耳。』案校第四十及第四十一條、應分爲兩條、甚是。經說「宇」「久」兩字分牒、可知原本是分作兩條的、現在併爲一條、或是分章者因尋常久宇二字連用的緣故。（宇久卽道家所謂之宇宙、古人以宇宙爲空間時間、乃分別獨立之物、故辯者與墨子堅白之辯、立破皆以宇久爲喻。辯者以宇久爲同喻墨子則用爲異喻至於後世所謂宇宙、乃上棟下宇之引伸、取喻六合、與古人之說不同、故連文不破、分章者蓋以常義釋古矣）我以爲這位分章者、並不是一位高明的脚色、這樣的錯誤、還在情理之中、似不必去衞護古人、硬說第三十九條錯入上行、致將第四十及第四十一擠併爲一條的話。因爲經說第三十九條之文、亦次在第四十條之前、決不能說經與說會同著一塊兒錯的。

五六【經說】盈　無盈、無厚。於尺無所往而不得。（得二）

案經說這條乃是分釋「盈」與「無盈」的原文「尺」下、當有一「盈」字。其文及讀法爲：

『盈字牒　無盈、無厚。於尺盈無所往而不得、得二。』其分釋有無正與第四十二條經說分釋

「有窮」「無窮」者同、凡此與彼相盡、在此謂之能盈、在彼謂之有窮、不相盡、在此謂之不能盈、在彼謂之無窮。專就「盈」講之、不能盈者、必此之厚不及於彼之尺、能盈者、必此在彼尺或二之中無往而不有、所以說他能「得二」。說凡言「尺」與「二」都是指着「兼」說的、梁先生以爲「得二」兩字是第六十二條『倍爲二也』經說的錯簡、竊謂非是。

又案古簡最短的八寸簡、依漢志尚書簡率二十二或二十五字、推算起來。我們若要說古書錯簡的話、最少是一簡約八九上十箇字方可。（服虔左傳注云一簡八字）所以我吹毛求疵的說、梁先生講「得二」錯簡的話是不對的。（胡適後序上說、經上末數行「諸不一利用」等文、並無誤字、『但因原書短簡、每行平均五六字、爲上行所隔開、誤分作六行、故不可讀』的一番話、我實在看不明白、照胡先生說原書短簡、每行平均五六字、爲上行所隔開的話、似乎每簡有數行、又有上下行、　樣看起來、恐怕胡先生說的是木簡、不是竹簡。我很願知道胡先生說這話的根據、若胡先生能指出確實的證據、我就將我古卷兩重文旁行讀的話取消。）

六六【經】堅（白不）相外也。（白不二字舊衍）　【說】堅：　異處不相盈、相非（同排）是相外也。

案這條校釋全錯完了。梁先生指摘孫仲容於經說「堅」下加「白」字之非、確足爲他的牒字例生色。但說經上與經說上、全未討論到堅白石的問題一段話、我有些不大明白、或者這是因爲胡適在那裏說堅白之辯、是惠施公孫龍時代的哲學家爭論最烈的問題、故而在這裏硬刪經上「白不」兩箇字來作辯護、若果如此、那就不必了。梁先生信墨經是墨子作的、我亦信是墨子作的、但我以爲我們所以信的理由、却與這「堅白」不「堅白」是無關的。就是胡適說的話、我們本當拏來審辨一下、果然他說的對、我們又如何能彀刪字來辯護。梁先生竭力來作墨經的忠臣、我們固然是佩服、但是這樣精忠報墨、恐不合於墨子之義、就是我們治墨學者、亦不能許可的。至於胡適講的堅白、（中國哲學史大綱卷上第二四六頁）似乎有些燕說郢書、憑着自己的意思亂來、並未能將古人的堅白細辨清楚、就無怪他要一筆抹殺墨子與其前的辯者、說是惠施公孫龍時代的產物了。我以爲堅白是最古的辯論、並且與後來名家的關係很大。據莊子天地篇孔子問老聃曾說過：『辯者　言曰離堅白若縣寓』、的話、這是發生在墨子之前的辯者離堅白、是說石頭的「堅」與「白」二者分隔成爲獨立、如「宇」與「久」那樣的。他說『若縣寓』照因明的話來講、是合作法的同喩、我叫着這一派是離宗。墨子是首先反對離宗的人、他的意思、是說「堅」與「白」同屬於一塊石頭、既然無一處不堅、無一處不白、就是堅無不白、白無不堅、堅與白相盈而不相外了。他又說宇久不堅白、堅白無宇久後見的話、以破辯者『若縣寓』的譬喩、我叫着這一派是盈宗、到了後來楊朱又本着離宗的說、與墨者來辯論、遂有楊墨之辯、莊子說他們「竄句游心於堅白同異之間」就是競爭這種堅白離盈與同異別合的問題。惠施公孫龍之辯、亦是如此的。我以爲惠施是持墨子盈宗之說的所以莊子說他以堅白鳴以堅白之昧終並不說他離堅白 不過談離宗的人、如公孫龍毛公田巴之屬、都載在諸子、離宗的話、又足聳動俗人聽聞、所以向來學者、祇知道箇離堅白、又因堅白石爲二、是實際上不可能的事、並且莊周荀卿之屬、都誹毀辯者、故都以爲這種辯論、是詭辭、是曲辯、全沒一綫道理的。他們不能知道古人「離堅白」的用意、又不明白墨者所談的「堅白」、是與辯者處於對待的地位、自然更不能信這「堅白」爲古人精深的學問。這正與從前歐洲的學者、把希臘的知者（Sophists）看作詭辯式的謬誤、是一樣的。我們向來學者的眼光、既然如此、就無怪精忠報墨的梁先生、因這「堅白」幾箇字、要疑心墨子談詭辯哩。總之、我們要先明白楊墨兩家根本不同的緣故、然後可以知曉他們「堅白」「同異」「壽夭」「非命有命」一切的辯論、都不是作無謂之爭的。如荀卿是古子中、最誹毀名家的人、但他說『堅白同異有厚無厚之察、非不察也、然而君子不辯、止之也』便可證明古人這種辯論的價值了。我現在說堅白兩派的話、雖說文獻不徵、但讀者能以細心來讀經上下篇、與諸子相印證、當能明白。至於詳論、我另有名家言、容我後來再請教罷。

七　八【經說】名：　物、達也。有實必得(舊作待)之(舊作文之與此通)名(舊作多)也。命之馬、類也、若實也者、必以是名也。命之「臧」、私也、是名也、止於是實也。聲出口、俱有名、若姓字麗。(字舊作宇　麗舊作灑)

案這條經說我以爲莫有甚麽錯誤、不過畢秋帆張皋文孫仲容句讀錯了、遂成費解、我將原文點出句讀、如後：

名(牒字)　物達也、有實必待文、(文猶名)　多也命之。馬類也、若實也者、必以是名也命之。臧私也、是名也、止於是實也、……

經下

四【經】一偏棄之。……　(此下疑脫「說在……」一句)　五【經】謂(而)(舊衍)因(舊作固)是也。說在因。

案此兩章、仍當照分章者作一章讀、作『一偏棄之而謂固是也說在因』、與下一章、可用經說上『堅白之攖相盡體攖不相盡』來解釋。

六【經】不可偏去而二。說在(見與俱)一與二見、(此字舊錯入上文)　廣與修(舊作循從孫校)　俱。(此字舊錯在上文)

案此章原文是『不可偏去而二說在見與俱一與二廣與修』梁先生校云『此文蒙

前條「二偏棄之」而舉其反面也』甚是。但釋偏去與不偏去爲一與二、還欠明悉。總之、一與一爲二是相盡之攖、不可偏去的。一與一不二、仍爲一一、是不相盡之攖、可以偏去的。舉箇例子、譬如「四馬爲駟」是相盡之攖、不可偏去的、因爲若偏去其一馬、則餘下的三馬、就不成爲「駟」了。「牛馬四足」是不相盡之攖、可以偏去的、因爲若偏去其一馬、則餘下的一牛、仍不害爲「四足」。這就是第四第五條所說的「而謂固是」、第九條所說的「莫加少」、及其經說所說的「無變」了。

一五【經】宇、或(同域)徙。說在?長宇久。(長字疑或衍或譌)　一六無久與宇堅白、說在因?(因或作盈)

案說鑑三章、原本錯簡在此兩章之間、張臯文把說鑑三句、移在第十六條之後、那是不對的。孫仲容把說鑑第三句、「鑑團景一」與「不堅白說在」分作兩章、他說『不堅白說在五字、說似併入下文「無久與宇堅白說在因」章釋之』這話雖然不是、但他能分別說鑑與說堅白爲二、卻極有見識。胡適本孫說讀作「不堅白說在無久與宇句　堅白說在因」梁先生用牒字例來駁正他的錯處、甚是。但梁先生不從孫說、分作兩章、亦欠妥。現在將我校定的錄後、向大家請教。

『宇或從、說在長。句　宇久(此下原有三十五字乃說鑑之文今移後)　不堅白、說在(句有脫文)　無久與宇堅白、說在因，」

二 四【經說】

案這條所列的經說、前三行是第二十三條經的說。自第四行起、始爲本條的說。首一鑑字、卽爲牒經之首一字。

二 五【經】鑑團景一□而□、一□而□、(不堅白)說在……

案這條校的、太不成話。從前王引之俞樾好用上文或下文作某與此文義相應或相合的話來校讀古書、我總覺得這種辦法不正當、因爲古人是用文字來說事理、並不像後人專門作空調死板的文章、可用那調子文例來猜度的。這條原文是「鑑團景一不堅白說在」孫仲容分「鑑團景一」爲一條、「不堅白說在」爲一條、說已見前。「鑑團景一」連第二十三條第二十四條一共三十五字、舊本錯簡在第十五第十六條之間、梁先生移置於此甚是。但「鑑團景一」不當連「不堅白說在」讀作一句、而且「鑑團景一」也不是一箇整條。依我校法、這「鑑團景一」下、當有「小一」二字、並連第二十七條方成一全章。校定其文如左：

『鑑團景一小一大天舊作而必正、說在得。』　這「鑑團」與第二十四條的「鑑位、」就是現在說的凸面與凹面返光鏡。凸面鏡上所照的影、雖有大小、却都是有正而無易（卽倒影）的、所以他說「一小一大而必正。」凹面鏡上所照的影、有大小、又有正易、所以他說「一小而易、一大而正。」讀者以經與說相參、當可了解。○又案第二十六條本爲第二十七條、本爲第二十六條。不知梁先生何以如此錯誤。

四四【經】五行毋（無同）常勝。說在宜。

案這條釋云：『勝者貴也、或以五行生尅解之、非是』。梁先生訓勝爲貴、我不大明白、他的解釋對不對、我亦不敢說。但我知道現在人叫着生尅、古人本叫着生勝。五行出於黃帝以前的犧農、都是講四行的。所以五行算是帝紀上、文明進化的東西。夏啓征有扈、說他『威侮五行』、箕子述洪範說鯀『汨陳其五行』、可知五行在五帝夏商的時代、是一種很重要的學說。不過到了周文王演易、始革五行、而復四行之教。周易說理、固然精深、但要說五行不及四行、或古人並不知道甚麼生尅、直待到鄒衍纔能發明出來、也未免太把岐周以前的古人一筆抹殺了。因爲古人的五行、若無生尅之說、那「威侮」與「汨陳」的罪案、就難以講了。我以爲古人的五行生尅、是原始最古的。不過這種學說中、還有兩箇派別、應當分別言之。一是常勝派。這派自鄒衍的陰陽家、一直到現在的醫、卜、星、相、幾乎無一家不講說的、這是盡人皆知、用不著細說。二、是非常勝派。這派是因反對常勝而產生、爲五行進一步的學說。我雖不敢斷定、這是墨子的創作、或是爲墨子以前所已有的、但我知道墨子是發明五行變化者、五行有變化、就是生尅不常、要講明生尅不常、還須取證本章的經與說。經文的「宜」字當作「多」、照王引之俞樾校書的法子、可說『宜乃多字之譌、宜古文宐、與多字形近、又因下文有宜字、（第四十五條）故改多爲宜。經說下「火鑠金火多也、金靡炭金多也」二多字是其證。』這「多」字、就是墨子或非常勝派破常勝派學說最要的理由。因爲常勝派說五行的相生相勝、是一定不變的、他們拏五行來統萬物、無論如何變動不居的東西、他們總是用這箇常生常勝的定理來統轄他、這種囿蔽人心、蹂躪物理的學說、實在是我們這幾千年智識上的妖魔、但古人如墨子及非常勝的人、却很能打破這種荒謬的學理、另創出一種新學說。他們的意思是說五行相遇、固然不免相生相勝、但他相生相勝、却不是一定不移的。而且他們的相生相勝、因著種種機遇、且能生出變化來。譬如常勝派所說的五行生勝、是說火勝金的、但火能鑠金、必非一星之火、反過來說、金多亦可以靡炭。（莊子天下篇天下辯者之談火不熱、據高誘淮南子詮言訓注云炭不熱、知古人以炭代表五行之火） 這是金與火之間、必有一種當值之量、金過此量、金能勝火、火過此量、火能勝金、金火二者更迭相勝、自是能過此量爲勝、不能過者不勝、過者其物必多、不過者必少、這是五行相勝、因於多方勝少的緣故、並不是一定不變的常勝。所以根據這章經與說、我很信漢人所傳的墨子五行變化記是眞的、（另有詳考）就是孫子虛實篇「五行毋常勝」一句、引證變化不常的義、亦可爲我這說作證據、（梁先生著有「陰陽五行說之來歷」一載在東方雜誌第二十卷第十號又拙著「梁任公五行說之商榷」一載在第二十一卷十五號可以參考）

七二【經】以言爲盡誖、誖。說在其言。【說】以（孫以「以誖」連讀非）誖、不可也。出入（孫云此二字當從下文作之人非是）之言可、是不誖。則是有可也。之人之言不可以當、必不當。（舊作審從孫校）

案這條釋義、不若章太炎原名用勝彼釋之的是。太炎好用佛理來談墨辯、我不甚謂然。但這條確與因明說的自語相違無二。今引因明入正理論疏一段如下、以便與說相參。

『理門論云「如立一切言皆是妄」。謂有外道立一切言皆是虛妄。陳那難言、「若如汝說諸言皆妄、則汝所言稱可實事。（之人之言可）既非是妄、一分實故、（是不誖則是有可也）便違有法一切之言。（以上說在其言之可）若汝所言自是虛妄、餘言不妄。（之人之言不可）汝今妄說、非妄作妄、汝語自妄、他語不妄、便違宗法言皆是妄」（以上說在其言之不可）故名自語相違』。

以上十餘條、是我對於本書校釋不同意的地方、我現在最忠實、最謹愼寫出來、固然算不得甚麼貢獻、但我却希望本書的著者與本篇的讀者、破些功夫來討論一下、這也是我們研究墨經應盡的義務。

梁先生讀墨經餘記上、駁胡適墨經非墨子所作的四理由、我很滿意、但他說『細案四篇之文、經下或比經上時代稍後、其兩篇皆墨子著耶、抑經下出諸弟子手耶』一段話、我又有些疑惑了。經上下兩篇是不是同一時代的作品或非一人的手筆、梁先生雖在那裏細案四篇之文、「其耶」「抑耶」的猜測、却未舉出證據來。我們既不知道他細案的是那一段與那一句、我們就不敢冒昧來說他對不對。不過我知道墨家是有鉅子、而且又最講家法的、他們拏着鉅子比自己還高貴、守着家法比國法還嚴重、就是他們遺留下來的墨子這部書、亦比周秦諸子書集錄的整齊些、倘同等十論上中下篇文句詳略不同、義旨前後如一、可以知道他們雖分爲三墨、精神上却是一致。所以我亦在這裏猜測這部墨子是由集錄成的。雖不敢斷定是在周秦或在漢初、但可說這必不是劉向一般人所集錄的。果由劉向集錄則經說諸篇必裁篇分出以入名家或者這種集錄、還經過一番招集、由他們的鉅子大師、共同審定三墨所藏的經論而後集錄成的。這些話不過想當然、並無證據、姑且置而不論。但這經上下篇、果如胡適說的非墨子所作、試問這作的是甚麼人。若說是惠施公孫龍、他們又怎能叫墨者都稱爲經、而且集錄在墨者的書內。若說施龍是別墨請熟讀莊子荀子列子再加思辨一下果如梁先生說的、經下篇有爲後人補續者、試問這位補續者是甚麼人。若說是禽滑釐孟勝一流人、我本若墨者嚴守家法與尊重鉅子的心理猜想、似乎不合情理。若說爲公孫龍之徒竄入、以借重其說、那就更遠了。因爲公孫龍的「離堅白」「合同異」與墨者的「盈堅白」「別同異」、簡直是南轅北轍、背道而馳的。就如梁先生所引經下的七條、說是龍之徒所爲的、依我看來、並不如此。經下第十六條說『無(牒字)堅得白、必相盈也、』是堅白盈宗的話、與公孫龍的「離堅白」完全相反。假定公孫龍想把他自己的學說竄入墨經、借以自重、像這樣竄入反面打嘴巴子的話、亦未免太拙了。第三十八條經說『於石一也、堅白二也、而在石故有智焉、有不智焉可、』與今本公孫龍子堅白論八番的主辭相同、表面上看去、似乎可作竄入的鐵證、但細加問辨一下、却又不然。因爲經說是說有知有不知可、堅白論是說有知與不知離、一箇可、一箇離、顯然是盈離兩派的話頭、豈可因一二句相同、便斷定是竄入的證據。但我因此反疑今本公孫龍子之不可靠、因爲經說「於石一也」、堅白論亦作「於石一也」。經說的「於」字是牒舉經文的首一字、不當連「石一也」讀的。堅白論並不解釋墨經、當然用不着牒字、他連牒字讀在一起、自然可說是誤讀了。我於是便聯想到列子湯問篇「均髮均縣輕重、」把經下第五十三條說「均髮均縣輕」的牒字「均」、連讀在一起的錯誤、是一樣的。就不能不疑心他是出於後人僞造。今本公孫龍子原名守白論隋志錄入道家至唐人賈大隱陳嗣古等作注始改今名我疑心這書與列子都是道家作僞書的先生們幹的事因爲有這種不高明的脚色纔能玩出這露馬脚的把戲出來這兩條之外、還有經下第六條說『見不見離一二不相盈』一段、與經文『見與俱一與二』的話不符、而與堅白論六番的主辭『見與不見離一一不相盈』相同、似乎可說經說下有爲公孫龍之徒所竄入的。但我以爲這是經說引離宗的話來辯論的、所以他下文說力與智之任的話來分辨。此亦與堅白論九番的賓辭「異任」的話相同。總而言之公孫龍是名家的大師、或者可說是鎔鑄楊墨之辯而爲名家的創者。故無論今本公孫龍子是眞是僞、公孫龍既然在楊墨之後、他的思想學說、就不能不受楊墨的影響、豈可因公孫龍所說過的、便斷定這經是他作的或竄入的呢。而且梁先生說公孫龍故意把他的學說竄入墨經借以自重的、這話尤其難信、因爲古人的學說、雖好稱述前人、但不能像這樣欺罔盜名以一手掩盡天下之目的亂來。我們據莊子天下篇、知道當時的墨者、還在那裏大誦其墨經、大談其堅白、又豈能容公孫龍跑來改竄他們諷誦不輟的墨經呢。就令公孫龍得着可以竄改的機會、他最得意的「白馬非馬」、又何不一起竄入呢。我很願知梁先生細案四篇之文、可以「其耶」「抑耶」的那幾句、給我箇滿意的答復。

梁先生復胡適之書末了一段說的、「學問之道、愈研究則愈自感其不足、必欲爲躊躇滿志之著作、乃以問世、必終其身不能成一書而已。有所見、輒貢諸社會、自能引起討論、不問所見當否、而於世於己皆有益。故吾亦盼公之新詁作速寫定、不必以名山大業、太自矜愼、致同好者觖望也。』我讀了很有些感動、我治墨讀經十幾年、雖未敢作甚麼名山大業之想、但我這一知半解、却從未貢諸社會、就是我作的名經注、亦從未質正師友、這是因爲欲求「滿志」、就不免「太自矜愼」了。我現在很有些疚歉、所以揮汗不停的、在這裏寫這一篇、以酬梁先生引起討論的雅意。我還勉勵着要把我作的周秦名家說略及名經注早早寫定、「貢諸社會」「引起討論」

壬戌五月二十一日作於濟南

梁任公先生評云：雖寥寥僅十餘條、然有卓識、明於條貫。其最大發明在能辨墨學與惠施一派名學之異同。

張子晉先生來書

尊著指摘任公墨經校釋疵累處、綦中肯綮。環讀再四、佩服彌深。其中亦頗有爲鄙人所懷疑而急待質證者、謹就管見所及、分述於左。

一極端贊同而綴以己意者。

(1)動偏祭從者戸樞免瑟。　此條駁正任公以意改字的錯誤極當。惟從者二字屬下讀難通、似對於偏祭之義不甚明了、故有如是讀法。

(2)恕明也。　各本「恕」多作「恕」、尊著以道藏本吳鈔本改「恕」作「恕」爲非、所校甚是。鄙注仍從孫校者、因恕字雖不見於經上下而經說上『𣂪指而非恕也』、經說下『且恕人利人愛也』等句、曾兩用「恕」字、是此字尚有來歷、故據孫顧二家之說校改。其實仍以作「恕」爲妥。案經說上云：『以其知論物』、論者推論之也。推論物理、卽「恕」字之義。孔子言一貫、曾子以忠恕解之、可想見推知之學之重要已。

尊著又以經上「知材也」一條、經說上牒舉二字、因爲與經上「知接也」一條相次太近。若兩條都牒舉一知字、就難於分辯、所以他變例牒二字、以此證明本條祇牒一字，決定是恕、不是知，可謂讀書得閒。鄙人由此推知經上「有間中也間不及旁也」兩條相連經說上『有間』亦牒舉兩字，與此例正同，並可援據此例證明經上「法同則觀其同法異則觀其宜」兩條相連，任公於經說中勉强尋出兩「法」字作爲牒舉首一字之非。蓋任公嚴格牒舉首一字之例，鄙人本不以爲然，此意當俟下論牒字詳言之。

（3）五行無常勝說在宜。 尊著以「生勝」即是「生剋」，此解最的確。案爾雅釋詁云：「剋，勝也。」鄙意「剋」即「克」之異體字，勝敵亦稱克敵可證。至剋期「剋」字，疑當作「刻」字，刻期者，刻畫時日以爲限度也。至謂五行之說出於黃帝、羲農以前，都是講四行，又謂周文王演易，始革五行而復四行之教云云。查四行之說，除佛書外，在中國古代學說中求之，殊少依據。周易說卦傳言乾爲金，坎爲水，離爲火，巽爲木，坤爲地，艮爲山，地爲澤，震爲雷。若以地當土，則仍是五行。若不以地當土，與山澤風雷同列，則八卦應作八行，亦非四行也。鄙意八卦五行，爲中國舊物理學兩大系統，在三代以前，本分道揚鑣，八卦畫自伏羲，而文王演之；五行著於洪範，而箕子傳之。墨經言五行而不言八卦者，以墨子系統本出於禹也。「五行無常勝」一語，直將五行相勝的舊案推翻、在五行學說中、特標新幟、此亦墨學之進化也。以「說在宜」「宜」字爲「多」字之譌、舉古文「宜」作「㝖」及經說下『火鑠金火多也、金靡炭金多也』兩「多」字爲證、可謂鐵案如山。案周易四行之說聞自南昌黃先生益齋蓋以佛氏地水風火希臘地氣水火與易乾坤離坎之爲天地水火相比擬而謂四行爲寰宇民族最古之思想劉君申叔亦頗以此說爲然而有八卦以乾坤離坎爲母卦與希臘地氣水火相同之言竊以社會進化程序言之由四而五理或近然也　癸亥二月十九日附注

（4）以言爲盡誖誖說在其言。　尊著從章太炎說、引因明入正理論疏解釋本條經說實較舊說爲勝。惟仍依任公牒舉首一字例、硬將經說「以」字讀斷、鄙意未敢雷同。須知「不可」是說「以誖」不是說誖、誖之不可、尙何待說。蓋以爲誖者可與不可、自當論定、若明明誖矣、而猶論斷其不可、豈非廢話。虛字無用作牒字之理、俟下再詳言之。案經說「誖不可也」乃直訓、謂誖之義即不可也、下文云「之人之言可、是不誖、則是有可也」可證　附注

一　尙待商榷者

（1）牒舉字。　尊著於任公牒舉首一字正例外、補牒舉二字的變例。又云：『我想牒舉一字於句首、或錄全句於釋後、或者是說解的體例、或者是行文的便利、雖未能確爲斷定、但古書因爲另篇別爲一書的緣故、不能不用這種牒字的辦法、以便於經說

參讀、是不容疑的、』此等見解議論、極爲通達。但任公嚴格牒舉首一字的公例、若本此去治墨經、流弊甚大。鄙意仍以胡適之先生所說的四項爲是、而先生乃謂此爲後人讀經說的方法。不知後人讀經說的方法、卽從考求古人牒經說的公例得來。苟與古人公例不合、何能成爲一種讀經說的方法。況胡先生本來也是說經說的公例、不過與任公所見不同。自鄙人觀之、胡梁二先生所說、原係一件事、不能認他爲兩件事。至於任公所說『所牒的字在經說中決不許與下文連讀成句、』鄙意亦以爲然。惟係牒字則可、若本來不是牒字而強以爲牒字則不可。如經說下「五合水土火、」本是說五行自然相合者、只水土火三行、設以「五」爲牒字讀斷、則下文「合水土火」四字、便費解矣。總而言之、牒舉首一字的公例、不過是要顯明某條的經說解釋某條的經文、並無別的作用。但若接連經文首一字相同、(如前所舉知字之例)或首一字係尋常通用的字、隨處可以互見、此公例便不適用。試檢經說上經說下兩篇、合於任公所謂牒舉首一字的公例、大抵經說上爲多、而經說下爲少。所以然者、經上是釋名、經下是釋辭、釋名者首一字是名、下文是界說、故首一字可讀斷。釋辭者、須合數字爲一辭、故首一字不能讀斷。經上上下兩截、共九十八條、(連讀此書旁行一條在內)

爲名九十有七、單名九十有二、雙名五、（合兩字爲一名謂之雙名、如「任士」「同長」「日中」「有間」「纑間」是也。）爲辭七。經下上下兩截共七十六條、全是釋辭、或以一句爲辭、或以數句爲辭、辭之少者、有僅用一字者、如「疑說在逢」是也。此本一字而不爲釋名者因經說乃解釋「疑」的作用、非解釋「疑」的界說也。辭之多有至五句者、如「二與鬬愛食與招白與視麗與夫與履一偏棄之謂而固是也說在因不可偏去而二說在見與俱一與二廣與修」是也。（此有兩說在者、說在以上爲辭。）以其辭句之多、後人往往誤認爲數經而割裂之、此卽由於釋名釋辭兩者義例分辯不清故也。經下旣是釋辭、首一字卽是名、亦不得斷句、須合下文聯綴成辭、如「止類以行人」「偏去莫加少」「假必誖」「宇或從」之類、首一字「正」「偏」「假」「宇」各名在經說中可斷句、而在經文中不能斷句、均連下文讀成一句、與經上「故」「體」「止」「必」等名、當讀斷句有異。經上經文有名有界說、經說上不過補釋經文未盡之意、故經文之界說明顯者、或竟無經說。經下解釋成辭的因果、則盡在經說、無經說則經文所舉的辭、幾如打謎、恐神仙亦難猜着、故經下經文無一無經說者、據此可知經說下與經下係一人同時作者、絕對不容有兩人所作、或經說下有後人附加的懷疑、何以故、經下經文中、既明明有說在某某之言、則經說下必爲作經者所作、不待申辯矣。釋辭者首一字有實字有虛字、實字或可斷句、況「不」字「以」字「於」字「所」字及「有」「無」等字、乃普通常用的字、到處皆可尋個出來、若强認爲牒舉首一字的公例、竊恐本來清楚的條文反牽上扯下、鬧得不清楚了。任公嚴格牒舉首一字公例、要想指摘他的謬誤、非短少時間所能辦到、鄙人擬專作一篇詳細討論、異日當再奉教。

（3）堅白不相外也。　此條任公校釋完全錯誤、病根仍在死守牒舉首一字公例。鄙注係循舊解釋、及今思之、亦未盡妥。此條經說當作『得白堅異處不相盈相非是相外也』「得二」「二」字、係「白」之壞字。如此則「堅」下可不補「白」字、而義自瞭然。任公說「堅」即佛經所謂質礙、案交光眞鑑大佛頂首楞嚴經正脈疏云：『形體以當體可捉爲滿分、堅礙以體不相入爲滿分。故水於礙義不滿。火於質礙俱不滿。風於色質全缺而礙亦不滿。惟地大三義俱滿、故易名爲色。』此言頗與任公說相符。然以今物理學考之、不相入之公性、凡有質者所同具。空氣與水皆能互礙、不必堅硬也。果如此說、墨子當日何以不言「質相外也」或「體相外也」。而顧用一極不賅洽之「堅」字、且墨經闡發質礙之理、乃在下文「攖相得也」之條經說、不在此條也。下條經說云：『堅白之攖相盡、體攖不相盡。』此二語卽說明質礙相外之理。蓋堅爲形質、有體。而白無體。白之形質、卽以堅之形質爲形質。故曰『堅白之攖相盡』相盡者、相入而不相外也。若體與體相攖、則彼此皆有形質、卽互相礙而不得入、故曰「體攖不相盡」。用「體」字表明質礙、何等賅括、何等穩洽、任公不於此條經說講質礙、而反於上文刪去「白」字「不」字來講質礙、可謂費力而不討好已。張仲如先生云「子晉以堅爲形質有體管見以子晉亦誤蓋石爲形質有體堅無形質不過附於石之形質而徒有堅名經說下云「於石一也堅白二也而在石」可證設堅有形質何可言在石惟堅與白同無形質故曰「堅白不相外」「堅白之攖相盡」而「堅白異處不相盈」亦可反證其曰「拊堅視白」者係拊石之堅視石之白而堅白均無自體可斷言也」案張先生論堅白無自體甚得離堅白意但此說不爲墨子所取因墨子以堅白二名附石而立卽是有體既爲有體便不能離亦謂世界無單獨有體之堅亦無單獨有體之白譬如廣修墨子謂其不可偏去亦因世界無單獨有體之廣或單獨有體之修若云廣修無自體亦是離宗之言歐洲幾何家所謂點線面體均屬離堅白蓋在歐洲物意兩宗之辯正猶此土堅白離盈之爭也乙丑五月二十六日附注

尊著以「堅白」爲最古的辯論、並且與後來名家的關係很大、從「堅白」中分出離宗盈宗兩派、說墨子是盈宗。鄙人對於此等極有價值的議論、本是五體投地的佩服、不應再有申辯。惟其中尚有意見不同的地方、不得不略爲陳述。當時稱「堅白」

爲詭辯者、原係毀謗名家之辭、其實「堅白」之說、卽分析事理之說、並非詭辯。分析事理、有分不能不有合。分卽是離、合卽是盈。離是求異、盈是求同。求理與求數相類、求數有除法、(是分)卽有乘法。(是合)求理有離時、卽有盈時。墨子貴兼惡別、說他是盈宗固然很對。但兼別屬行道的作用、離盈乃求理的方術、墨子經上經下「求同」「求異」兩方術、每每對舉。卽言堅白、有說相盈的、亦有說相離的。如經說下云：「於石一也堅白二也而在石」此不能不謂之爲說離也。公孫龍亦自言「合同異離堅白」(語見莊子秋水篇、)是講離者亦未嘗不講合也。鄙注墨經分「堅白」爲四類。

(甲)堅白。
(乙)不堅白。
(丙)宇久堅白。
(丁)無久與宇堅白。

甲丙兩類、爲正堅白論、是說相盈的。乙丁兩類、爲負堅白論、是說相離的。(乙丁兩類、因無人能解、遂致湮沒不彰。)鄙意離宗盈宗有偏重、而無偏廢。例如近世化學、有化分、有化合。決無講化分者、不再講化合、講化合者、不再講化分也。

（4）鑑團景一小一大。「鑑注」「鑑團」兩條、尊著所校與鄙注不謀而合、但「大」「小」字及句讀、尚有異同。案鑑注鑑團景之大小、物理學上有一定之證驗、不能憑空隨意解釋。凹鏡照物景大、凸鏡照物景小。故經文言「鑑注景一小而易一大」、猶云一個小景變成一個大景。又言「鑑團景一大而易一小」猶云一個大景變成一個小景。下云「而正」「而必正」、則言大小變化、必依鑑之垂線取正也。若鑑注條、讀爲「景一小而易、一大而正」「易」字作「景倒」解、「正」字作「景不倒」解。是言一個小景倒、一個大景正也。查凹鏡稍厚、表裏兩層弧圓不等、有兩個中心、始顯此像。設鏡不厚、或厚而表裏兩層弧圓相等、同一中心、卽無此像。凸鏡厚薄表裏弧圓不等、亦有二景、否則亦無。但凸鏡絕對不能有倒景、何以故、凸鏡中心在內。景自外來、不過中心、無自而倒也。凹鏡景倒、必在中心以外、所以經說下纔言『中之外、鑑者近中、則所鑑大、景亦大、遠中、所鑑小、景亦小、而必易、合於中而長其直也。』此「易」字、方是說變爲倒景、以在「中之外」故也。凹鏡景之大小、由於「近中」「遠中」與倒不倒無涉。景倒有大小、景不倒亦有大小、不得言「景一小而易、一大而正」也。且鑑注鑑團兩條、係言景之大小變化、並非言景分爲二、以言景之重疊、自有「景二」專條在也。墨經所言「正」字、凡關涉物理形數學者、均指中垂線。如「同長以正相盡也」、「正而不可擔」、「景二」條經說「而必過正」、及此鑑注鑑團兩「正」字、義皆相同。夫惟以垂線取正、始能考察物理一切之變化、苟解作景之倒不倒、則成自然現象、無物理變化之可談矣。鄙注另有圖說、自謂校釋說景各條、尙無差誤、未審先生以爲如何。

一不同意者

(1)旁行讀。　尊著以竹書帛書時代、證明旁行讀是六朝道家分句便讀、寫作兩重爲圖。省卷子上的空位、斷定讀此書旁行五字、乃唐宋人所注、所說與鄙人意見完全相左。若如先生之說、今之通行直行經文、原係墨經舊式。注墨各家、又何必考訂旁行句讀、無事自擾。鄙意旁行不旁行、與竹書帛書毫不相干。先生謂竹書不便旁行、據所云漢志云云、不過慮竹簡狹小、容字不多、古時寫字甚大、無排列兩重之地位耳。須知能否排列兩重、是竹簡長短的問題、非竹簡廣狹的問題。帛書竹書容字多寡、是廣狹上的比較、非短長上的比較。考鉤命決云：易詩書禮樂春秋策皆二尺四寸、孝經謙半之、一尺二寸、論語策八寸、尺二寸三分居二、又謙焉。』今試就二尺四寸之策計之、依先生所定每字所佔地位平均約一寸上下、是一行可寫二十四字、經上經文首行「故所得而後成也止以久也」纔共十一字、尙不及竹書一行之半。又考段玉裁說文解字「册」下注云：『蔡邕獨斷「策簡也、其制長者二尺短者半之、其次一長一短兩編下附。」札牒也。亦曰簡。編次簡也。次簡者竹簡長短相閒排比之、以繩橫聯之上下各一道、一簡容字無多、故必比次編之、乃容多字。』據此言之、字數多者、可依次加增編簡、安見不能寫作兩重。況無論何書、都曾經過竹書帛書册子本子四級、何以其他諸書、當帛書時代無一改作旁行讀者、而獨墨經上下兩篇改作旁行讀耶、若謂墨子一書、嘗被道家引作同調、列入道藏、則老子莊子又何以不改作旁行讀耶。若謂其他書文義聯屬、一氣呵成、不分條款、故不能改爲旁行。則如周易之雜卦傳、爾雅釋詁釋名釋言等篇、文體皆酷類墨子經上、韓非子內儲說上下外儲說上下、其文體皆酷類墨子經下、又何以不改作旁行讀耶。且旁行惟讀之不便、所以後人纔改作直行、而先生反謂因分句便讀寫作兩重、此不可解者、一也。旁行有空位、直行無空位、而先生反謂旁行爲圖省卷子上的空位、此不可解者、又一也。三字經百家姓雖寫作兩重、仍是直行讀、自然爲便於分句起見、墨經句法參差不齊、縱寫作兩重、究於分句上有何便利、此不可解、又一也。帛書盛行時代、著書者固不止范曄一人、即范曄所著之書、亦不止朱景傳一篇、何以三十二將名次舊本獨寫作兩重、旁行讀之。可見旁行自是一種體例、非因帛書而始有旁行。古人稱表曰「旁行斜上」竊謂旁行即是古人表式、太史公史記諸表、即從墨經旁行文字變化出來。此種文字體例、在諸子中、實爲創作、篇後若不親加注解、讀者萬不能自然知道旁行讀去。何以故、因中國文字習慣直行讀也。再者墨子作經上經下用旁行體例、是極有組織的文字、不但旁行中有層次、有段落、而兩重經文上下相值、雖不能處置貫串、中間必有幾條上下文義互相照映、以爲關鍵。如經上上截云：「體分於兼也」、下截云：「必不已也」、案說文云『必分極也』、此以分析之法、上下相照映也。上截云：「知材也」、下截云：「平同高也」、此條平義、係言形數之理、而上截「平知無欲惡也」乃言心理。心理知之失正、以有欲惡、有欲惡由於不平、故上截言知、而下截言平、以形數之平、廻應心理之平也。上截云：「同異而俱於之一也」、下截云：「同異交得於有無」、上截「同異」係收束前文譽誹功罪賞罰諸名、言其作用雖異、而效果則同、下截「同異」係承結上文存亡易蕩治化社會種種動作、欲其互相調劑、融泯同異之見、共趨於求幸福之一途。此爲經上上下兩截、照映之最大關鍵。明「求同」「求異」「同異交得」乃墨家學術不二之法門也。又「讀此書旁行」爲經上上截末尾一條、與經上下截末尾一條之「正無非」相值、畢沅注云：『言此篇當旁行讀之、卽正讀亦無背於文義也。』畢氏所解『正無非』之義以經說上『聖人有非而不非』語意證之、固屬不合。然此條實涵有雙關的意味、亦可見當日經文組織、頗費苦心已。至於經下組織、更有研究的價值。據經說下考之、經下上截止三十四條、而下截則有四十二條、多出八條、上下首尾相值、又須齊等。故經下下截有二條相連、或三條相連、以當上截之一條者。欲免紊亂、勢不能不有上下相通之條、夾於中間、以固定上下各條相當之地位。蓋一有紊亂、則上下相通之條、卽不能依次順序、可以直行讀之矣。經下下截第八條『頓知其所以不知說在以名取物之所以然與所以知之與所以使人知之』第十三條『堯之義也生於今而處於古而異時說在所義二』皆是上下相通之條、旁行讀中、可以直行讀之者。後人不達此義、見『物之所以然與所以知之與所以使人知』三句無說在某某之文、疑爲錯簡、乃移下截第六條『不必同說在病』經文於上截第七條挨次移上、移動時、又因句讀錯誤，『知而不以五路說在久必熱』讀作『說在久』故「必熱」二字，仍留於原處，無說在某某不成條文，遂復移第八條經文首一「頓」字，硬加『說在』二字，作爲第七條。殊不知「不必同」係與上截第四條「異類不毗」經文同異相值，移而去之，組織便形紊亂。且經下下截第七第八兩條，本係以「久」「頓」二義言「知」如此讀法，精蘊亦全湮沒。第十三條「說在所義二」「義」下「二」字，卽是上截經文言此條經文有二經說，如近時文體所謂其一，其二，其三，其四等類，是也。孫貽讓以上截此條有經說而無經文，因見下截第十八條「在諸其所然未者然」有個「在」字，與「在堯善治」「在」字相同，妄相牽引穿鑿傅會，皆由不曉經下經文旁行讀中有兼可直行讀之變例也。觀於經下經文組織之妙，橫直相間，多寡相配，參差而又整齊，益信當時作者，慘淡經營，獨具匠心，夫豈後世筆記，隨意排比，拉雜湊集者所得同年而語耶。

（2）盈　無盈無厚於尺盈無所往而不得得二。　案尊著以經上上截第四十條「窮」義，解釋此條「盈」義，似太迂曲鄙意「窮」者，係言外之所際，「盈」者，係言內之所涵，二義不容牽混爲一。

尊著又讀「無厚於尺」爲句、義亦晦澁。凡此物及於彼物、中間必有距離、憑空而言「無厚於尺」、此「尺」在何所、從何處厚起、所厚者更是何物、是不惟晦澁、且不成辭句也。「無所往而不得」、爲無限制的。「得二」爲有限制的。既言「無所往而不得」、則上下前後左右任所往皆可得、何止「得二」。「得二」即以文理論之、亦屬難通。「得二」兩字、任公以爲係『倍爲二也』經說錯簡、固非先生之說、恐亦未必然。鄙意「得二」兩字、仍宜屬之下條經說爲是。「二」字疑卽「白」之壞字、當作『得白堅異處不相盈相非是相外也』言設若得白而堅另在一處、與白不相混合、而相違背、是爲相外。乃反言以證其不然。如此則「堅」下原無「白」字、其義甚明。鄙注循從前舊解、尚有未合、今補正於此。

(3)名物達也至止於是實也。 本條經說文義明顯、從前各家注釋及句讀、並無錯誤。任公因限於牒擧首一字公例、將名物「名」字讀斷、其下「物達也」、便不可通。尊著又將「文」字及兩「命之」字讀斷、益覺詰屈聱牙、似可解似不可解矣。夫「命之」卽是命名、名物爲達、命之馬爲類、命之臧爲私、三項皆疊用兩也爲句讀之何等平正通達、若從尊著句讀、前二項用「命之」落脚、後一項獨不然、讀之太不順口、竊恐墨子經說原來句讀、未必如是也。

又案任公以『聲出口俱有名若姓字麗』十字、屬本條經說、不合之處甚多。一者、本條經說至『是名也止於是實也』一句、語意完足、不應復綴此二句、畫蛇添足。二者、『聲出口俱有名』乃起句局勢、非煞尾文氣、顯然不可判別三者、「姓字」可分說、不必相麗、如孔子有時單稱孔氏、或稱仲尼、即使姓氏相麗、援此相證、與本條經文達類私三義、又何關涉、況此十字既屬本條、則下條經說所云『謂狗犬命也狗犬加也』、同一言狗犬、何以見得此之爲命、而彼之爲舉乎。鄙意下條經說、係專就狗犬稱謂解釋經文移舉加三義。「灑」乃「邐」之形誤、言有時方說別事、忽迤邐而謂及狗犬。「邐」字正是解經文移字、故曰「邐謂狗犬命也」夫言者意、並非欲言狗犬、而乃涉及狗犬者、正因聲出於口、俱成名辭、故言甲者、有時不能不涉及乙、如言某事、其中或涉及某人姓字也。『聲出口俱有名若姓字』九字、本是『邐謂狗犬』的前題、割而屬之本條經說之末、在此既爲贅旒、而在彼反形缺陷。斷鶴膝而續鳧脛、兩俱成廢、皆任公嚴格牒舉首一字公例厲之階也。

(4)一偏棄之謂而固是也說在因不可去偏而二說在見與俱一與二廣與修。此條自『二與鬭至廣與修』共四十四字爲一經、各家不明本條意恉、妄行分裂、無有是處。觀其兩舉說在因爲句、而經說皆無因義、當怳然而知其誤矣。「一偏棄之」卽言以上相與之二名或三名而偏去其一名也。墨經經說有兩變例。一「重複說」如『頓知其所以不知說在以名取物之所以然與所以知之與所以使人知之』『堯之義也生於今而處於古而異時說在所義二』此兩條皆一經而上下兩截各有一說、故謂之爲「重複說」。一爲「連環說」如本條及『不堅白說在荊之大其沈淺也說在具』『無久與宇堅白說在因以楹爲摶於以爲無知也說在意於是推之意未可知』兩條、皆說之中又有說焉、故謂之爲「連環說」。本條文義、鄙注已詳、不具述。

(5)宇或從說在長宇久。案「長」字不當讀斷。經說云「宇南北」卽是解說「長宇」蓋由南往北、或由北往南、便成長宇也。宇長則人從宇行之時間必久、故曰「長宇久」所謂「民行修必以久也」此明久宇相盈、如堅白之不相外、故經說末云『無堅得白必相盈也』此久宇堅白論也。

(6)任公所校第二十四條經說。案『景當俱就去亦當俱俱用北』十一字、係『景不從則不動說在改爲』的經說。『鑒者之臭於鑒無所不鑒景之臭無數而必過正故同處其體俱然鑒分』二十八字、係『景二說在重』經說。尊著以爲係任公所校二十三條經說、恐尙未審。

除以上所舉各條之外、若尊著前一頁二頁、論治墨經的三個難點及著作的缺陷、又後十四頁十五頁、論墨經與鉅子的關係、以明墨經非公孫輩所能竄改、均極有見地、卽令任公觀之、亦不能不爲心折。任公才高學博、名重一時、又自謂研究墨學二十餘年、鄙人初耳墨經校釋之名、亟思購求一讀、如饑人之望歲、及今得之、與私願頗相刺謬。夫治經本有家法、苟不論形聲、任意竄改、則直是作經、豈是注經、此例一開、恐其害不僅影響墨經已也。先生糾正其失、其功墨經不小、將來聞風興起者、必更大有人在也。總之學問爲公共的產物、眞理由良心上發生、良心之所不安、雖使其語出於聖人、亦難強同。鄙人對於任公嚴格牒舉首一字公例、尙擬詳細批評、（下略。）

評梁胡欒墨辯校釋異同

伍非百

余昔讀墨子經上下而難之、偶有所獲、發願寫定、久之成帙、名曰辯經章句、其後稍稍註釋、更名曰墨辯解故、藏在篋中、未嘗示人、僅友人許君錄副而去。常病斯學衰微、無所就正、亦遂置之。其後數年、讀胡適之中國哲學史大綱別墨一章、名理妙致、前無古人、逌空谷者、聞足音跫然而喜、思欲有所請益而未暇也。又三年、見梁任公墨經校釋、條理較適之加詳、更奮筆欲有所質疑、仍以事冗未暇。去歲友人許君以吾夙著墨辯解故中序例墨辯定名答客問墨辯釋例辯經原本非旁行考三篇登載學藝雜誌第四卷之二三四號發表、逾月、忽丙辰學社轉來濟南欒調甫君手緘一件、幷寄所作讀梁任公墨經校釋一文、請求批評。欒君考訂較任公似又加詳矣。余於是知海內治墨辯者、尙有欒君、益喜德之不孤。昨冬欒君書來、正余被選爲四川省憲起草員、桑梓義務、未便推辭、以是對於欒君之請、許而未答。今春省憲脫稿、適奉欒君惠哲學一册、而去歲所爲文在焉、手批旁注、用意甚盛。屬値川亂、閉戶謝事、乃取墨經校釋細細讀之、又詳觀欒君前後所寄文稿、及校釋所載任公與適之往復論學書、覺三君子之論、皆有獨利處。余固鄙陋、何敢妄肆批評、無已、謹就『旁行』『牒經』兩公例、及『諸超城』以下一百三十五字同異、及欒君所提出之十餘條、一商榷焉。

欒君之言曰：『研究經與說第一步要明白兩個例子、一是經上下旁行的例、一是說上下牒字的例、』此言極是。又云：『旁行是帛書分句下有空位的緣故、牒字是經說分篇各自獨立的緣故、』這語余亦極端贊同。今先就旁行牒字兩公例分論之。

一旁行　梁胡兩先生於此點未有詳細之說明、其排列形式、見於墨經校釋暨中國哲學史大綱者、大抵依畢孫校本略有更正。欒君言旁行爲改寫帛書分句之故、舉有二證。

（一）因分句之粗陋、推出這位分句者是西漢或漢以後的人。

（二）因後漢書朱景列傳有兩重旁讀的文字、推定這種讀法寫法、是劉宋時代的通例。

欒先生以此二事證明帛書分句旁行的可能、極有見的。唯余有問於欒先生者。

先生引第一證據時、對於竹簡原本的想像是怎麼樣。所云『必是寫作一行、當然莫有旁行的問題、』爲問是整整齊齊、一行一行、滿寫於篇的、或是每句一行、每行長短不齊、下有空白呢。這層若莫有明確概念、那分句的錯誤是不易想像的。至於用分句的錯誤、去推想分句的是甚麼人、更是第二層功夫了。

再問欒先生引第二證據時、對於魯勝引說就經本的想像是怎麼樣。因爲魯勝是晉時人、假若魯勝以前、沒有旁行本、那魯勝引說就經是不會旁行的、杜預引左傳就經是其例。如果魯勝引說就經有了旁行的形式、那晉以後傳寫的本子、多少要受他些影響、今日直行本上一定可以發現遺證。爲問欒先生、這位分句的六朝人、是單據竹簡原本寫定的、抑或兼據魯勝校本呢、這層若沒有明確概念、那爲甚麼要分句、爲甚麼要這樣分、爲甚麼說上下又不分、這幾點都不容易說明。

吾知欒君於此書有甚深之研究、甚望對於上述二點、搜求極洪博之材料、得更圓融之理解、以餉我也。

二牒經　梁先生提出牒經標題的公例、『凡經說每條之首一字、必牒舉所說經文之首一字、以爲標題、此句在經說中決不與下文連讀成句、』自以爲引說就經之一良好標準。適之則頗不謂然、以爲此例定得太窄狹了、云：至多只可說經說每條的起首、往往標出經文本條中的一字、或一字以上。(1)不限於經說每條的首一字。(2)不限經文每條的首一字。(3)不必說「必」。(4)不可說此字在經說中決不許與下連讀成句。」調甫一面主張任公的說法、一面說適之也不錯、祗一個是古人牒經標題的例、一個是今人用例讀書的法、這話分析得好、我於牒字公例、素主任公之說、并且深信不疑。請舉我墨辯釋例中『標目』一條云：

『標目五例……經說之首一字、從同經首而無義者、爲『標目文』所以示某章經說說經之某一章也。其字經漢人寫後、多顚倒併省脫落、存者僅十四五。今於倒誤者、輒爲更正。其併省與脫落者、則闕而不補、仍存舊文。蓋以標目文在今日引說就經本上、無甚關係故也。但此例則不可不著。蓋前人不用此例。於重文倒文强解致誤者多矣。茲著其例（一）標目文、係重述經文之首一字。（二）凡說皆有標目文。（三）凡標目文無義。（四）不以說之首一字偶同、而省略標目文。（五）凡標目祇一字、無論經文可割裂否皆不計。』

此五例余從改寫辯經章句以來、墨守至今、未常稍變。今讀任公與適之往返書、益令我堅信前說不疑。蓋適之所論、未嘗致意『顚倒』『併省』『脫落』三個誤因、而任公運用不靈、以不明『顚倒』『併省』『脫落』三誤因也。今請代答如左。

(1)如『有間謂夾之者也』『力重之謂』一類是併省的錯誤。原文『有間』上當有『有』字、『力重』上當有『力』字、傳寫者以爲重文誤衍了。如經下『仁義之爲外內也』一章其經說云：『仁仁愛也義利也……』是未衍以前的原文。

(2)如『服執說』章之說云『執服難成說舊作言缺字務成之』當作『服服執、難成、說務成之』又『狂舉』章『牛狂與馬唯異』當作『狂狂牛與馬唯異』一類、是顚倒的錯誤。若說標目不必在句首、請問這『牛狂』一類的句子怎麼讀。

(3)如經說下云『謂四足「獸」與「牛馬」與「物」(特)盡與大小也』乃說經文『推類之難說在之大小特作物盡(舊誤特字舊脫今添)』『謂』字上當有『推』字、『兩輪爲高兩輪爲輪車梯也』乃說經文『倚者不可正說在梯、』『兩輪』上當有『倚』字一類、是脫落的錯誤。

此外有『形近』『義近』『音近』『涉下』『涉上』種種字誤、其例甚多、不贅舉。卽如胡先生說任公經說上的五四條『起首的「心中」只留下「中」字、剩下的「心」字、改爲「必」字再改爲「平」字、然後移到二十三個字的前面去作標題、豈不太牽强嗎』一段話、這乃任公斷章分句的錯誤。并不能因梁先生的牽强、就推翻了這個公例。我讀這章的句讀是。

【經】中、同長也。

【說】同：(這「同」字是標目文「中」之譌因爲形近音近涉上而誤)楗與柱之同長也、心中自是往相若也。

至於「必」章經說中幾個「必」字原來不誤、梁先生自不得其解耳。讓專條講。

以上評旁行牒字兩公例終

復次關於經說下『諾超城員止……』以下一百三十五字亦爲梁胡異同之點。此段經說錯簡脫章亂行誤字皆有、爲經說中最不好分章之一節。梁先生關於此節之說明、擬一公例曰『經與說有後人附加複寫之文、』胡先生關於此節之說明、則曰『此一條經爲上行短簡、隔爲六條、』余以此點關於治墨辯之方法論、不可不辨。

梁先生於此節刪除經文十六字、又刪去經說『以人之有黑者也……』以下三十一字及『五諾皆於人知』以下二十四字、以爲是附加複寫之文、其主張理由、合前後敍例雜錄觀之、大約分三點、

(一)『讀此書旁行』五字、既爲後人附加、則所加者當不止此。

(二)經說釋『爲窮知而縣於欲』一章、其文體長冗不類、疑爲後人所附加、則諸以下文體長冗不類、亦當爲後人所附加。

(三)因旁行本下有空格、傳寫者輒思補滿之、將前條複寫、而又譌衍百出。

胡先生駁論亦分三點、

(一)『讀此書旁行』五字、原書未嘗不可有。

(二)除經說上篇末『說』字下註有『音利』二字、很像舊注外、我們不容易再找出後人附加的痕跡。

(三)這種心理的揣測、依校勘學的方法看來、似乎有點牽强。

胡先生主張『六條合一』的理由、大約可分爲二點、

(一)經文並無誤字、但因原書短簡每行平均五六字爲上下行所隔開誤分爲六行。

(二)經說文義本通、幾乎不須改字而意義似更顯明。

梁先生的駁論亦分二點。

(一)古籍每簡以三十字內外爲中數、斷無三十三字而分六行之必要。今本經下『物之所以然』一章、亦二十三字、不聞分爲兩行或三行也。

(二)適之釋此條、誠有妙諦、但六條合一之說若不能成立、則諦雖妙、恐非原書之意。

綜觀上述論點覺兩君之駁論皆優於立論而『附加複寫』與『六條合一』之說、俱不能成立、何以故、因爲都是『以疑斷疑』。故今更就兩先生駁論而補充之。

一『附加複寫』說（第三項理由任公已自行取消茲不再及）

(一)『讀此書旁行』五字、如果爲原著者所加、則任公附加之說、當然不能成立。即使

非原著者所加、而關於全書體例的附加、與關於每條文義的附加、性質不同。篇末之附加、與篇中之附加、地位又不同。卽使證明『旁行』爲後人附加、與每條附加、又有何涉、而任公之說仍不能因此成立。

(二)經說除『音利』二字外、實不易再尋出附加痕跡。今疑『窮知』章經說有後人附加、因以證『諾』以下經說爲附加、與疑『諾』以下經說爲附加而斷『窮知』章經說爲附加、同一『循環論證』同一不可靠。

二『六條合一』說、

(一)任公以適之釋此條識有妙諦、但『六條合一』之說、若不能成立、則諦雖妙、恐未必如原書之意、吾則以爲適之釋此條經文是否無誤、尙待證明。則自以爲文義無誤而因以創『六條合一』之說者更不足據。

(二)適之校正此段經說自云：『幾乎不改一字而意義似更明顯』但細閱原校、却改了十字。

此段經與說鄙意仍當依原文次序分爲七條、略將錯簡、脫文、亂行、誤字更正、卽可讀。

（經上）旁行本下行	正誤字	經說上	正誤字
(1)諸不一利用		諸：〔超城員止也〕相從、相去。	「也」
		先知、是、可、五色。	「先」
		〔長短……前後……輕重……援……〕簡錯	
(2)服執説（音利）		執服：難成言務成之。	「説」
(3)……巧轉則求其故	「丸」	九……則求執之。	「丸」「巧轉」「埶」
(4)大益另是一章屬旁行本上行			
(5)法同則觀其同		〔法〕法：取同觀……〔巧轉〕	「同」

(6)法異則觀其宜

(7)止因以別道

(8)缶無非

「正」

「聖」

法：取此擇彼、問故觀宜、「明」

以人之有黑者有不黑者「墨」「墨」

也、

止：黑人、與以有愛於人、「正」「墨」

有不愛於人、心愛人、是孰「必」

宜心彼舉然者以爲此其「必」

然也、則舉不然者而問之。「明」

若「聖」：人有非而不非。

〔正五諾、皆於人知、有說。

過五諾、若員無直、無說。用

五諾、若自然矣〕以下二十五字錯簡釋諸不一利用之文 正五諾

說明

(4)孫校「大益」當作「益大也」、另是一章、屬旁行上行。余案「大益」與「儇俱底」上下行互錯。今宜將「儇俱底」移下、「大益」移上上行損益對舉、下行「轉丸」「連環」并列、庶文義文體行次三者俱合。

(5)巧轉上脫一「丸」字、據經說補。

說明

(1)〔諸城員止也〕五字、與〔長短前後輕重援〕七字疑、當是上文「同異交放」之說、錯入於此、而又有脫文耳、因上文歷舉「有無」「多少」「去就」「死生」「止」（此二字有誤疑當作運止或員直）十幾個對待名詞、與員「長短」「重輕」「前後」宜爲連類而及之文。且「超城員止也」一句、與上文「比度多

更正符號

：表上一字爲標目文。

△表誤字。

「　」表倒誤。

……表有脫文。

〔　〕表錯簡或衍文。

脫誤本字、各註於本條之下。

(7)止當作「正」、此正字卽經上「合：正宜必」之正。說云「正者用而弗必」卽此義

(8)缶當作「聖」、「璧」之缺字。「璧」卽「聖」、唐武后所造。本書「正」字皆作「缶」、「缶」亦后所造。可見此書在武后時重寫。又「合：缶宜必」之說云：「缶者用而弗必」。「缶」誤爲「聖」。「缶」「聖」互誤在此書可證。

少也」等句文法相類、疑長短前後輕重等句、亦當爲「□□長短也□□□前後也□□輕重也」一類、特以錯簡脫文多不可訂正耳「先」當作「旡」「色」當作「也」。

(2)「執服」當作「服：執」倒誤。「言」、「說」之壞字。

(3)「九」當作「丸」。標目下脫「巧轉」二字、錯入左行。「執」當作「

埶」卽古勢字，又倒誤。原文當爲「丸：巧轉則求之埶。」

(5) 衍「法」字。「觀」字下有脫文，疑當補一「同」字。「巧轉」爲右行之脫文，錯入於此。

(6)「問」當「明」形誤。經說下「說在問者」「問」誤爲「明」。「明」「問」互誤經說此例最多。

(7)「黑」當作「墨」形誤。以人之有墨者有不墨者也一句、應在左行標目文「止」字下。「止」當作「正」說見上。

「人與」倒誤、當作與人。

二「心」皆「必」字之譌、上「必」字係普通用法。下「必」字乃專門術語、爲「三合」之一。「三合」者正、宜、必、也。

(8)「聖」標目文倒誤。

此段校勘、除「諸」章兩個錯簡外、其餘本文自明、脫誤很少。故我自信這段校勘的成績、至少可以把幾條分開。再就此段文義總括如下、自「聞」「言」以下至終篇、皆釋論辯術、分四節。

(1)「聞」「言」二章、釋聽話說話二要義。

(2)「諾」「服」二章、釋諾與說二法之利用。

(3)「法同」「法異」二章、釋觀同觀異之術。（卽歸納法與演繹法。）

(4)「正」「聖」二章、釋求正之術。「正」字爲名家極重要之術語、莊荀墨三家皆反覆論之。「聖」亦重要術語、與「正」相副而行、荀墨均極重視、認爲「正」之標準。而莊則不承認有「聖」、故亦不承認可「正」、見齊物論莊固持「辯無勝」之論者也。周末名學根本觀念之異同、大率在此。

以上校正經說「諾超城」以下一百三十五字終。

復次再評欒調甫君對墨經校釋不同意的十幾條。欒君在校釋前有幾句聲明說『(1)校釋與我完全相同的不必說。(2)校釋的理由雖覺可信、但一時尚未能領悟的不能說。(3)校釋的理由雖覺不充足、但我一時尚未能澈底指證的不敢說。』可見欒君對於著者讀者的虛心與誠意了。余愧不如欒君之謙懷、苟有所見、輒說說不已、唐人詩云：『欲得周郞顧、時時誤拂弦。』

以下逐條評論、每條先列墨辯原文、次梁校、次欒校、次案語。

（甲）【經】同異而俱於之一也。　久彌異時也。　宇彌異所也。

梁校　久宇應分開各爲一條。同異條本應在下行、不知何時錯入上行、遂將宇久兩行擠併爲一耳。

欒校　梁校分久宇爲兩條甚是。但說同異條錯入上行、致久宇兩條擠併爲一則非。因爲同異條經說也在久條之前、決不能說經與說會同着一塊錯的。

非百案梁校是也。因爲有引說就經的旁行本、所以經與說有同着一塊兒錯的可能性。據我臆定『儇俱底』『體分於兼』『堯之義也』一類、都是經與說同着一塊兒錯的。

（乙）【經說】『盈：無盈、無厚於尺、無所往而不得、得二』。

梁校　『得二』兩字乃『倍爲二也』經說之錯簡、孫校屬下『堅白』章、引公孫龍子『無堅得白其舉也二、無白得堅其舉也二』爲證。不知下條『白』字乃傳寫者妄加耳。石中堅白相盈、與此文無盈無厚之義、全不相涉。

欒校　『得二』兩字不衍。『尺』字下當有『盈』字、乃分釋有盈無盈之義。其文爲『盈：無盈、無厚於尺。盈、無所往而不得、得二』。與『窮』條經說分釋有窮無窮者同。

若云『得二』是錯簡、照古簡字數推算、至少須八九個字方可。

非百案梁校『得二』兩字非是、但欒校亦非、當移下『堅白』章。因爲梁先生要删下文的『白』字方說『得二』、與公孫龍子『得二』的話無涉。若果下文『白』字不應删、未見得不涉。梁先生何必舍近求遠、舍有據而就無據呢。欒校據有窮無窮分釋的文例、說『尺』字下應增『盈』字、新穎獨到、足供吾輩治墨學者之參考。吾甚喜欒君此條、能『以墨辯治墨辯』也。唯連讀『得二』兩字爲句、未愜。

(丙)【經】堅白不相外也。【說】堅：異處、不相盈、相非、相外也。

梁校　『白不』二字宜衍、因經上皆每首一字爲句、此條『堅相外也』、與下『攖相得也』爲反對之文。經上經說上全未討論到『堅白石』的問題、乃後世墨者觭偶不仵之辭耳。

欒校　『白不』二字不衍。墨辯以前亦曾經有人討論過堅白問題。并不是公孫龍子才有的、并且公孫龍的堅白論是離宗、墨子的堅白論是盈宗、安見經上沒討論堅白問題。

非百案『白不』二字當從欒校。至離宗盈宗的話、實在能分析古代堅白論的派別、發前人所未發。唯余以上文『得二』兩字、似應加在此處標目『堅』字下、乃直行本的倒誤、不知欒先生以爲如何。

(丁)【經說】名：物達也有實必待文多也命之馬類也若實也者必以是名也命之藏私也是名也止於是實也聲出口俱有名若姓字麗（字舊作宇 麗舊作灑）

梁校 『待文多』當作『得之名』、形近而誤之此也。（案之名二字從孫校改）

欒校 原文不誤、前人句讀錯了。『名：物達也、有實必待文多也命之。馬類也。若實也者必以是名也命之。藏私也。是名也止於是實也。

非百案孫校句讀不誤、梁先生從之是也。想欒君改句的動機、因見達類私三句平列、只有兩個『命之』、所以惹出這文句上的爭論。依孫校句讀、三句的句尾整齊「之名也」「是名也」「是實也」 依欒君句讀、三句的句首整齊「物達也」「馬類」「藏私也」 以余私見、欒君改新句、頗嫌牽强。何以故、因爲下兩句都是整齊文句而起首一句三讀、似乎有點不類。並且『有實必待文』是一個意思『多也命之』又另一個意思。這樣不很自然的改句、倒不如略近自然的改字。

(戊)經下 一偏棄之謂而固是也說在因不可偏去而二說在見與俱一與二廣與修梁

校　分第一句爲兩條、『一偏棄之說在……』、『謂(而)因是也說在因。』第二句衍『見與俱』三字、分配於下、作『不可偏去而二說在一與二(見)廣與修(俱)。』

欒校　第一句不當分條、『而謂』倒誤第二條文字仍舊又云此兩條皆可用經說上『堅白之攖相盡體攖不相盡』來解釋。

非百案這兩條我無所可否。何以故、因爲梁先生第一條沒有說出理由來。第二條自己承認是個『臆校。』至欒先生說這兩條可用『堅白之攖相盡體攖不相盡』來解釋、但他解釋的話、我全不懂、等欒先生名經注出版再來領教。此時他舉他自己書中的『攖』的『駟』的『牛馬、』來解釋他自己心中的『偏棄、』的『固是、』的『一二、』我們如何理會得。

(己)經下宇或從說在長宇久……鑑團景一不堅白說在……無久與宇堅白說在因

此節文字在梁欒兩先生校正以前、有孫詒讓胡適兩先生校訂的句讀、今并列如下、

(1)孫校　『宇或徙說在長宇久』。……『鑑團景一……』『不堅白說在……』『無久與宇堅白說在因』

(2)胡校　『鑑團景一』『不堅白說在無久與宇』『堅白說在因』

(3)梁校　『宇或徙說在長宇久』『鑑團景一□而□一□而□說在……』『不堅白說在……』『無久與宇堅白說在因』

(4)欒校　『宇或從說在長』『宇久（此下原有三十五字乃景章後說鑑之文今移後）不堅白說在……』『無久與宇堅白說在因』『鑑團景一（小一）大而必正說在得』（大舊作天案伍君原稿引拙校稍有譌誤今改正）

非白案這段校勘、孫先生最膽小、錯誤也最少、胡校次之、梁校次之、欒校又次之、這像種筆墨官司、兩造都提不出證據、只好存爲疑案罷了。

我從前也曾爲這段闕文、冥搜苦思、假立「臆說」、結果以無徵驗而止。且喜現在治墨辯的人漸多、不妨寫出來請敎、我這臆說、與胡先生同在一個旁行的基礎上面發端、在未寫出之前、先把這段旁行文列下、

旁行本上行

宇或徙說在長宇久
臨鑑而立景到多而若少說在寡區
鑑位景一小而易一大而正說在中之內外

鑑團景
一不堅白說在
無久與宇堅白說在因

『臨鑑』『鑑位』兩條依經說次序在後、除去這兩條只有四行、『鑑團景』三字、大概可以決定是說光學的文字、應該和『鑑位』『臨鑑』兩條一樣歸在後面。至於剩下這個『一』字、兩屬皆可。因爲屬在上有『景一小一大』的『一』字作證。屬在下有『石一也堅白二也』的『一』字作證。既然兩屬皆可、暫且歸在下行、那麼這段只有三行如下

宇或徙說在長宇久
一不堅白說在
無久與宇堅白說在因

我們再就這三行文字用兩步功夫、第一就是三行的本文看、第二就三行的關係看。

(1)宇條　『長』當作『與』形近而誤。經說下『若應與應有深淺』作『若應長應有深淺。』

(2)一不條　說在下有脫文。

(3)無久條　疑當衍『無久與宇』四字、或衍『堅白』二字。

再就三行的關係看、

宇條說『宇久』一不條說『堅白』大概可以分開。最交紐不清的、是無久與宇一條說『堅白』呢、說『宇久』呢、或是說『宇久』和『堅白』交互的關係呢、摸擬不定。這裏經說偏偏也只有『無堅得白必相盈也』八個字到底是說『一不堅白』呢、還是說『無久與宇堅白』呢、也摸擬不定。據梁先生的說法『無』字乃標目文、下增『撫』字、撫卽『拊之而知其堅也』的『拊』、也還凑巧。但公孫龍子『無堅得白必相盈也無白得堅必相盈也』（案此文有誤疑卽公孫龍子堅白論無堅得白其舉也二無白得堅其舉也二之文今仍伍君原稿而附識所疑）這兩個『無』字、又如何安頓呢、若說這裏經說也是公孫龍竄入、那又何必替他增字解釋呢、若說公孫龍在這裏偸去、那何以又不多偸出個『無』字來。像這樣完全相同的文句、不能一概抹殺、輕輕拏『作僞』二字擱在一邊不理。依我看來這段經說或有脫文至少與公孫龍子發生關係。『無』字決不能作標目文解、『無』字既然不能作標目文解、那麼任公說這段是釋『無久與宇堅白』之文也不確了。卽使讓一步這是釋『無久與宇堅白』之文、但經說中沒有說『久宇』的話、公孫龍子堅白論也沒有說『宇久』的話、當日一切談堅白的文字都沒有說『宇久』的話、請問梁先生『久與宇』三字、如何交代呢。所以我在這段經說裏實在尋不出解紛的法子、只好仍回在旁行本排列上看、疑堅白兩條是一條、『宇久』與『堅白』乃左右行互誤重衍之文、臆校於左、

宇或徙說在無久與宇

經說「宇‧‧宇徙而未有處、在南有在北、久長而無本剽、在日有在莫」。

這段校正的經說、是從莊子說宇宙文義、及本條經說中兩個莫安置的「宇宇」字、一個莫歸宿的「長」字、及經文「無久與宇」四字、綜合起來假定的。

一不堅白說在盈

經說「無堅得白必相盈也、無白得堅必相盈也」。據公孫龍子增「無白得堅必相盈也」一句。「必」當作「不」。

釋義　或徙、動也。動與宇宙有絕大的關係。動者以極小之時間、通過極小之空間之謂也。

沒有空間不能說有「動」沒有時間也不能說有「動」但時間本來沒有的、都是因爲動而後有的、所以說『宇或徙說在無久與宇。』一石也非彼無石、非石無所取乎堅白子公孫龍語故曰『一不堅白說在盈。』因疑作盈以上從誤本推到原本、本用逆溯。今再由原本推到誤本用順演。

（甲）

本原

宇或徙說在
無久與宇
一不堅白說在
盈

此本每行五字或六字、寫如上式。

（乙）

宇或徙說在
無久與宇堅
白說在因

據甲本傳抄寫者略通文義、以「一不」二字生深誤衍。甲本「盈」字殘缺、誤寫作「因」。此本每行五字、兩章連寫不分。

(丙)

宇或徙說在
一不堅白說在
無久與宇堅白說在因

據甲乙兩本傳寫。寫者不通文義、以甲本第二第四兩行字體漫滅、故寫「宇或徙說在」「一不堅白說在」爲兩條。又據乙本加「無久與宇堅白說在因」一條、遂成三條。耳此本每行約十字、每條另提一行。

(丁)

宇或徙說在長久宇
一不堅白說在
無久與宇堅白說在因

據丙本傳寫以甲本作參考、寫者據甲本在宇條「說在」下加殘缺字「久長宇」三字。蓋「長」與「與」形近致誤。餘據丙本寫。或問寫者既據甲本於第一條補「長久宇」三字、何以不據甲本於第二條增「盈」字。答曰、此時甲本「盈」字或已漫滅不可識矣。

這段校勘、斷斷續續、經過好幾年的考慮、無人商榷。現在寫出、不過備同好者參考之一助、不敢自信。我意還是孫先生的方法好、因爲愈是存疑愈少錯誤。

(庚)經說下　光鑑景就當俱去尒孫云當作亦當俱俱用北孫云北當作比鑑者之臭於鑑無所不鑑景之臭無數而必過正故其同處其體俱然鑑分鑑中之內鑑者近中則所鑑大景亦大遠中則所鑑小景亦小而必正起於中緣正而長其直也中之外鑑者近中則所鑑大

景亦大遠中則所鑒小景亦小而必易合於中而長其直也

梁校 『光』字屬上。『鑑景』以下皆釋經下『鑑位景一小而易一大而正說在中之內外』（案原本作「中之外內」梁任公張仲如及伍君校本均作「中之內外」蓋以「內外」二字文順遂奮筆臆改耳）之文。

欒校 『鑑景』以下至『其體俱然鑒分』四十一字連上文『異於光』讀、皆釋『臨鑑而立……說在寡區』之文。

非百案梁先生這條全從孫校、不著一字。欒校雖然分作兩段、却沒說理由、只好存而不論。但因欒君分『光鑑景』以下四十一字屬上引起我對於前項一個附帶討論問題了。問題爲何即『天而必缶說在得』的經說是甚麼。照經文排列次序『天而必缶』在光學的最末一條。照經說次序最末一條次序不明、次末一條、爲『鑑位景一小而易……』。但是光學幾條的經與說有參差至五六條者、依我看這『光鑑……景就』以下四十三字、是『天而必缶說在得』的說因爲從排列上看、只差一條或兩條的地位。照字句上看、『光』字是『天』字的標目、『天』字是『光』字的形誤。經說的『臭』字、據文當作『直』。經文的『得』字據字形校、也當作『直』。直㝵之誤也。古文『得』皆作『德』此文乃解釋光循直線進行之理、不知欒君以爲如何。

(辛)經下　五行毋常勝說在宜

梁校　勝者、貴也。或以五行生剋解之、非是。

欒校　生剋卽生勝、墨子時有五行生剋之說。

非百案欒說近是。

(壬)經下　以言爲盡誖誖說在其言　說曰以：誖不可也出入之言可是不誖則是有可也之人之言不可以當必不審

梁校　孫云『出入』當作『之人』非是。

欒校　『之人』當從孫校。此條文義與因明『自語相違』同。

非百案欒說是也。

以上評欒君所提出墨經校釋的十餘條終。

十二年三月三十日作於成都圍城中

讀伍非百評梁胡欒墨辯校釋異同之管見

張仲如

去歲七月奉到欒君調甫讀梁任公墨經校釋稿、拙箋曾引二事而於『鑑圜景一』章、不能無疑、又於梁校所舉牒字例、未敢苟同、嘗與欒君討論、卒以整理拙稿無暇置之。今六月欒君由蓬萊寄示伍君評梁胡欒墨辯校釋異同寫印本、適拙作墨學分科寫訖、展讀之。又與欒君函商「旁行」「牒字」「堅白論離盈分宗」三事、未及其他。近又得伍君由城都寄來報端特載本文與欒君寄示者同、並函囑商榷、廻環雒誦、獲益匪淺。顧以「旁行」「牒經」二公例、於治墨學關係甚大、經說上「諾超城員止」以下百三十五字、梁胡二校均未安。並欒讀墨經校釋異同、多屬行列錯亂、急須考定。三者管闚所及、與諸君不無相左、謹貢一愚、藉求明達教正。

旁行公例　欒調甫先生讀梁任公墨經校釋、說明旁行在竹書錯簡之後、由帛書分句而然、足資玩索。伍非百先生有辯經原本非旁行說、余尚未見、今讀伍先生評梁胡欒墨辯校釋異同、見其與欒先生商榷此例、極愜鄙懷、爰就管見、草此臆說、自知爝火、難當日光、祗以思想各殊、聊備達識一覽。

純一於旁行讀法、初未深考、竊以墨子著經、當是竹簡（兼愛天志非命等篇箸自三墨屢云書之竹帛竹先帛後可證）籀文、原寫卽爲旁行。因訪章君太炎、亦以爲然、今再四推想、假定原本卽是旁行。因各經獨立乃自然之文體又因下端空白過多、乃以後半寫入、如上列以塡之、約舉五證：

(一)經上下兩篇之文、今本誤合併寫、不知何時改作。寫者或惜行間空白過多、以爲據說位次、不難逐章分辨。輒依旁行次序、改作直行、上下列相値、寫滿而亂之。故今據說位次、考訂經文。則上行下行、間一相錯、仍不紊亂。偶有紊亂、經上「巧轉則求其故大益」經下「一偏棄之」又自「一臨鑑而立」至「不堅白說在」又「天而必正說在得」等蓋由展轉傳寫致誤、或由校者未諳經義、強作解事而譌。此據經說卽知原經本屬旁行、兩列分讀。

(二)經說上下兩篇之文、顯依經本旁行兩截詮釋、故前後次第不亂、一望可知。間有脫落、如經上上列「大益」下列「直參也」經下上列「合於一或復否說在拒」下列「不知其所處不害愛之說在喪子者」俱無說是經上下列一說所以明也」又「聞耳之聰也」相連四章無錯置、如「謂而固是」一章之說以經說或以經文易明不須說也校之當在下列錯入上列是亦可據經求得其實。

(三)魯勝注墨辯敍云：『墨辯有上下經、經各有說、今引說就經、各附其章、疑者闕之。』玩引說就經各附其章之意、想見「經」「說」位次、行列分明、令人可疑者無多。此亦原經、必非如今本直行合寫之徵。

(四)墨子欲善之益多、述作並重、見耕柱篇不務循古、見非儒篇且務破古執、公孟篇云子之古非古也故自立說著書。經或門人尊稱、據貴義篇、墨子自信其言足用而不可非、或自著卽稱經、亦無足異。當時禮樂二經、必在墨子廢棄之例。則著書無所用其謙、其竹簡必二尺四寸、與六經等長。經文各章字數無多。兩截旁行、不惟秩序整齊易讀、亦可減少空白、節用竹簡。

(五)墨子理想精於分析。談辯之間、無不嚴定界限。故著辯經、卽易象上傳『君子以族類辯物』之意。辯者、別也。在在必極其別、始能審異而致同。體旣異他書、必不直行連寫、自亂行列、與他書混。況墨道貴兼、賴以廣明。諸高才生、均必誦習。則爲旁行、使人因其條理聯貫而易讀。固無可疑。以此經上上列末行「讀此書旁行」五字、或卽墨子自書以示例、亦未可知。

臆測墨經原本一簡上下兩截、各書一經、旁行書式、通例如式：

上截	下截
故所得而後成也	止以久也
體分於兼也	必不已也

原經上下行例可因閒詁之誤而證知者。

舉擬實也　知聞說親
名實合爲

「知聞說親名實合爲」本爲一經。孫誤分爲二、遂致「名實合爲」上列空白、不合原簡旁行、章章相比之理、故拙箋不從。以上下行列證之原本可見。

舉擬實也　知聞說親名實合爲
言出舉也　聞傳親

原經二章、本書一簡、上下兩截。後人誤倒而合爲一、卽不合原本者。

巧轉則求其故大益

孫云：『以旁行句讀次第校之大益當在巧轉則求其故句上。』寫如下式：

大益
巧轉則求其故

案孫說是也。惟寫作兩簡、致「巧轉」上列空白、「大益」下列空白、仍與原本不合。今從其說改寫之、庶相符矣。

損偏去也	服執說
益大有脫文詳拙箋	巧轉則求其故

據經說互證、知大益之說亡。經上上下行列、除此簡外、幷無錯亂。其原本確爲兩截旁行無疑。

凡經兩截旁行、每截經文首字相比平列。下端長短不一、因各經字多少而異。

引證史記律書律數、

九九八十一以爲宮

三分去一五十四以爲徵

律數祗十七行、故不重。墨經多、節用竹簡故兩重。

經上上列文體變例一章此獨二名併爲一章（通例每名獨立成章）

久彌異時也宇彌異所也	聞耳之聽也

久宇二字併寫一行，梁校分爲二條，以「同異而俱於之一」屬下列，似可從。余初亦有是疑，卒從原本，詳拙箋。蓋讀墨經不可著文字相，以其神理，恆當於文字外求之。竊以「同異而俱於之一」爲結上起下之文，不誤。「久」「宇」二名，合寫分釋，顯示古今旦莫之異同，一久、東西南北之異同，一宇。久宇異名而實又同，特變例書之，以明道妙無方也。下列如「日中」「有閒」「堅白」「同異交得」「循所聞」「執所言」「法同」「法異」諸經，皆非一字爲題，是爲墨子行文不主故常之證。

經下書式變例五章。

假定簡長二尺四寸，每簡書字一行，每行可容三十餘字，至多不過四十字，無定數，因籀文大小不一，一字畫多者，或占畫少者二三字之地位。

經上各章字數無多，寫占半簡不足，先寫上列，後寫下列，兩截旁行，界劃分明，不生疑問。經下如「物盡同名」「一偏棄之」（今校）「物之所以然」「堯之義也」「一法者之相與也」等章，其文均校他章字多，勢必半簡不能容，當生疑問。謂於次簡續書乎，則其下列或上列不能空白，所書經文，必與前行相次。今以旁行次第考之，知其不然，謂於半簡擠書兩行乎，想一簡寬不過七八分，難容兩行籀文。再三審度，惟有二法：（一）書長章時，字跡稍斂，準以半簡書完。但此種寫法、亦不甚便。(二)稍占同簡下列或上列之位置、離開少許量寫他章。如此似覺較近、始與今本章次相合。姑擬原簡書式變例如下：

物盡同名說在二與鬭愛食與招白與視麗與暴夫與履　謂而固是也說在因

一偏棄之不可偏去而二說在見與俱一與二廣與修　無欲惡之爲益損也說在宜

物之所以然與所以知之與所以使人知之不必同說在病　無不必待有說在所謂

宇或徙說在長宇久無久與宇　堯之義也生於今而處於古而異時說在所義二

負而不橈說在勝　一法者之相與也盡類若方之相合也說在方

試即「物盡同名」章下、「謂而固是」章、行列錯亂以證：

「物同盡名」下、疑脫「說在」二字、今校補。

一偏棄之與不可偏去而二、當爲一經約舉三證：(一)一偏棄之下、獨無說在某句。(二)「一偏棄之」與「不可偏去而二」據經與說文理、審知當爲一章。(三)以旁行句讀次第校之當爾校訂下詳：

謂而固是也說在因章、以旁行句讀校之、當在物盡同名章下列、始與原本兩截次第相合。今經位次不錯、乃從說誤入上列、又倒置一偏棄之於其上、誤分爲章、遂致下列三行空白、絕非盧山眞面。因思致誤之由、以原簡「物盡同名」章文長、寫占下截地位、上下列相距甚微、又値次簡「一偏棄之不可偏去而二」章亦文長、寫占下截地位、異於各簡通例。傳寫者誤以三經相連合爲一、又漏寫「一偏棄之」四字、旣覺、率爾補著「謂」上、不知爲倒。（想此錯寫當在唐武后作缶字通行以後）校者據此、遂分「一偏棄之不可偏去而二」之說爲二說、並移下列「謂而固是」章之說入於上列、而「經」「說」上下行次乖違矣。今依兩截旁行次序考訂、「一偏棄之」與「不可偏去而二」當合爲一。「謂而固是」章當從經文位次、列置「物盡同名」章下、說從經移、庶幾「經」「說」上下行列悉復原狀。此卽經下書式變例而知各經旁行上下列相値秩然不紊也。

又卽經下上列、章次錯亂、據說以校、而知原經旁行次第分明、

經下上列、旁行次第、前後錯亂、多非原本之舊。想由傳寫錯誤、或寫時遺漏數章、旣覺、卽於誤處補其遺。或校者任意併省。魯勝引說就經、後復分本、（晉尚淸談、多本於王弼注易老。魯勝注此經、遂成鼎足、想必風行一

時或亦有以增其誤、今依經說下次序、考定旁行原本說明如左：

宇或徙說在長宇久「無久與宇」

「無久與宇」四字、寫在後「堅白說在因」上、義不相屬。中間「臨鑑而立」「鑑位」「鑑團」三章、據說當在「景之小大」章後無疑。則「無久與宇」四字、確爲「宇或徙」章經文或說文末句可知、說詳拙箋。

鑑團景一不堅白說在

間詁以文不相屬、分作二章非。「堅白」二字涉下而衍、此文據說當在「貞而不撓」章前、疑本作「鑑團景一小一大而必正說在……」。「不」字乃一小形近而譌、遂致「景」下「一」字衍、後文「天而必正說在得」句、「天而必正」四字、當爲此文所有、在此「一小」下、「天」卽「一大」之形譌、「一小一大而必正」鑑團之景本然、據說並實驗可知。乃錯置譌奪、竟不可讀。拙箋校寫時、苦不得解、甫見欒校作「鑑團景一小一大而必正說在得」以近是從之。然疑「得」字有譌、又以凸鏡實驗、見正影外並有倒影、疑終未釋。今覺「負衡木」上之「招」卽到之叚見說文通訓定聲小部　孫讀句誤。「景過正故到」言臨團鑑、其景近大遠小無不正、然過正處、尚有到景、頗與實驗符合。以經說互證、深信字字確切。

惟不知說在下脫字若干爲缺憾耳。疑當作說在「不過正」、庶與「景過正故到」相應、惟不敢臆斷。

口而必正說在得

據文審校、知爲說「衡」章之經、當在「貞而不撓」章後。舊「而」上「天」字、與說「衡加重於其一旁」三十五字俱不相應、當爲鑑團章「一大」之譌。此經句首脫一字、因鑑團章與此經同「而必正說在」五字、校者誤以爲衍、併省之、遂以兩章俱有譌奪、而前後行次亦亂。句首字、梁云：『據說似當作衡』、案梁說可從。

又卽經下上下行列、審校譌脫所在、而知原經旁行行列整齊。

經下上列自「宇或徙」旁行至「挈與收仮」共十四章、下列自「堯之義也」旁行至「牛馬之非牛」共十五章、上列闕經一章顯然。乃校上列經說確闕二經何也。蓋「景當俱就去你當俱俱用北」爲經上「日中正南也」之說詳拙箋屬測量學、非光學。校者不知、見句首景字、與光學諸章同、遂誤由彼移此、致「日中正南也」無說、固非闕經也、當據正。鑒者之臭章闕經、卽由前後行次錯亂時脫落。此據經說下上列次序、校正經下上列次序、一一悉復舊觀、卽知經上經下原本、均屬兩截旁行無疑。

以上臆說、因未能詳求旁證、不知果有當否、尚希通學是正之。管見寫訖數日、適奉欒君新著墨子經上下篇旁行說稿、並函囑商酌。蓋本舊著、因答伍、間稍改而加詳、增至八千餘言。拜讀之間、見引伍著數處、頗服二君之博雅。同時又得欒君寄示曹鏡初先生湘耀墨子箋、急檢經說四篇首尾讀之、見其言曰：『經上下皆間一以相承、如宗廟之昭穆、如織錦之緯絲、此文體之變、不知其意指何在。畢氏因錄經文爲兩截、旁讀以成文。竊意墨子當日編簡本如是也』不意原本旁行說、曹箋已先我得之、足爲管見或不盡謬之證、驚喜移時。然與欒伍二君之說、未知孰是、八月八日純一附誌。

牒經公例

梁任公墨經校釋讀墨經餘記云：『凡經說每條之首字、必牒舉所說經文之首一字、以爲標題。此句在經說中、決不與下文連讀成句。』

胡適之後序駁之云：至多只可說經說每條的起首、往往標出經文本條中的一字或一字以上。（一）不限於經說每條的首一字。（二）不限於經文每條的首一字。（三）不可說「必」。（四）不可說此字在經說中決不許與下文連讀成句。

欒調甫讀墨經校釋云：梁先生用公例的方法、實在有些可議、但他說的公例未可厚誹。

伍非百評梁胡欒墨辯校釋異同、自舉墨辯釋例中、標目五例云：（一）標目文係重舉經文之首一字。（二）凡說皆有標目文。（三）凡標目文無義。（四）不以說之首一字偶同而省略標目文。（五）凡標目祗一字、無論經文可割裂否皆不計。又爲靈於運用、說有「顚例」「倂省」「脫落」三誤因並「形近」「義近」「音近」「涉下」「涉上」種種字誤。

純一案梁立牒經之例、似可收據經治說、據說治經之效。但泥迹以求、必於經於說任意增删改移、甚足爲古書危。故純一始終不敢贊同。說所以明經義、自可推理而知、必如梁說、削足徇屨何爲。經上大都舉名立義、嚴定界說、重在句首一字或二字、或四字。同異交得 如「有間」「同合交得」等條、梁已自破其例。經說上卽說明經首一字或二字。日中有閒堅白法同法異 三字 循所聞執所言 故極似牒字、實非牒字。經下大都破名言相道俗入眞、經文多不屬名而屬辭。題旨不在句首、而在文句必與說在某之一字或數字相應。牒字例卽多半不合、有偶合者、必句首一二字頗關題旨、故牒舉之以爲說、亦非牒字。案牒經莫如易六十四卦之彖辭、然以「乾」「坤」「觀」「噬嗑」「明夷」「升」「井」「漸」「巽」九卦考之、則梁以凡經說每條之首一字、必牒舉所說經文之首一字、以爲標題。此字在經說中、決不與下文連讀成句之例、已不可通、經說不過相經題旨爲文、與孔子作彖無殊、豈是故意牒字。又如公穀二傳、尤酷似牒字者、然以梁說衡之、亦不可通。例如公羊於定十二年經叔孫州仇帥師墮郈、傳以曷爲帥師墮郈起。穀梁於莊二十三年經秋丹桓宮楹、傳以禮天子諸侯黝堊起。又於桓十四年經夏五、傳在末句作結、均非故意牒字可知。更如易之大小象傳、春秋之左傳、韓非之解老喻老內外儲說、管子之版法明法等解、均可用況經說、未見如梁說之前例。焦氏易林標經爲說然易經上下文體不變墨經上下文體各殊不可援也乃謂此經說每條之首、必有一無謂之牒字、吾敢斷其無有是處。梁執牒字之迹、實非說之本來、胡君駁之甚是、但就牒字爲辭、卽爲牒字所誤。純一特以梁說質之章君太炎、章君亦甚以梁說爲非。今讀伍著五例、可危視梁尤甚。更使梁說靈於運用、爲增「顚倒」「併省」「脫落」三誤、因吾恐由此「經」「說」受創無完膚矣。綜計梁校泥此、任意刪改原書、管見以爲不可從者甚多、經說上三條刪材字一八條刪所字三二條刪故字增言字五二條增平字五四條刪心字六六條刪經白不二字八四條由上條中間移來聖者用而無必六字又改聖作正又增正字九一條移來諸條之諸改言爲說九二條移服執說之說爲說九五條改心爲正並改經止作正經下二條增謂字五條改上條句末之未作謂爲說六條移上條不若敷與美爲說又改與作舉七條斷不爲句一三條移下條若數指改若作合爲說一四條改俱爲區一五條刪長字一六條斷無爲句增撫字一七條改在作推三三條移上條無子之無作標題三七條斷無爲句三八條斷於爲句三九條斷有爲句四〇條斷所爲句四二條斷通爲句四三條爲一所字移八字於上條四九條移我有若視曰屬上條改曰作白五八條斷以爲句六二條刪無也二字六四條刪傴字六七條斷狂爲句六八條改且作牛七二條斷以爲句七五條斷不爲句七八條爲須一學字删下文一句皆泥牒經之誤也伍君泥此、舉例八條、管見以爲可從者一條而已。詳下其爲求明而反晦、利少害多無疑、蓋執一未免賊道也。雖然梁欒伍三君本經求說、本說求經之精神、確足爲治墨辯者法、純一仍極敬重之至。惟以執著牒經定例、未免厄及古書耳。昔釋迦說法四十九年、自謂未說一字、恐人執著文字相、不能薦取本來也。墨辯經下頗具同心、梁欒伍三君、以爲如何。再就伍君所舉「顚倒」「併省」「脫落」諸例、略述管見。

(一)如「有間謂夾之者也」「力重之謂」一類、是併省的錯誤。原文「有間」上當有「有」字、「力重」上當有「力」字、校寫者以爲重文誤衍了。如經下「仁義之爲內外也」一章、其經說云：「仁：仁愛也義利也」、是未衍以前的原文。

純一案「有間」上增「有」字、「力重」上增「力」字、恐鄰蛇足。「仁愛也」上仁字、衍文當删。

(二)如「服執說」章之說云：「執服難成、說舊作言缺字務成之。」當作「服執難成、說務成之」。又「狂舉」章「牛狂與馬唯異」當作狂：牛與馬唯雖同異」一類、是顚倒的錯誤。若說標目不必在句首、請問這「牛狂」一類的句子怎麼講。

純一案伍校服執說之經與說甚是後證。「牛狂與馬唯異」當從胡校作狂舉牛馬唯異（中國哲史大綱二二二頁）與卽舉字脫去下半牛又倒著狂上致誤蓋釋經狂舉之辭下文「是狂舉也」可證故標狂舉爲說決非有意牒字。

(三)如經說下云：『謂四足「獸」與「牛馬」與「物」特（特字舊脫今添）盡與大小也』乃說經文「推類之難、說在之大小特盡」「謂」（舊誤物）上當有「推」字。「兩輪爲高兩輪爲輸車梯也」乃說經文「倚者不可正說在梯」「兩輪」上當有倚字、一類是脫落的錯誤。

純一案「謂」上當有「推」字不塙。「兩輪」上當有「倚」字近是。有「形近」「義近」「音近」「涉下」「涉上」種種字誤。

純一恐因牒經例多、「經」「說」眞面目將從此失盡矣。

【經】中同長也。

【說】同（這「同」字是標目文「中」之譌因爲形近音近涉上而誤）楗與柱之同長也心中自是往相若也。

純一案「同捷與狂之同長也」爲「同長以正相盡也」之說。此經之說、當作中、心自是往相若也言「中」卽是「心」今本誤倒當乙。

純一狂瞽、凡茲臆說、未悉當否、尙希梁欒伍三先生進而敎之。

以上述旁行牒字兩公例終。

今見曹箋於經說上篇目下注曰：「案經說二篇、每遇分段之際、必取經文章首一字以識別之。其中亦有脫漏數處、必明乎此、然後此四篇之章句次序、始可尋求、而校訛補脫、略有依據之處矣。」純一始知主張牒經者、早有曹在。顧依其例治經說上不可通者、八章耳。執以治經說下曹箋之誤、計二十餘章。噫曹知經上與經上語勢不同、而執一不變、執一方治百病、幾何不死、此釋氏所以破法執也。然曹箋有曰：「經則間錯以成章、說則先上截而後下截。故說可以校經、經亦可以校說、互相校而得其端緒、則章段分明、句讀亦不難審訂矣。」此凡治墨辯者、終當奉爲準繩者也。八月八日純一附記。

關於經說上諸超城員止以下一百三十五字　謹讀伍君校正諸條、商榷之。

（一）諸不一利用【說】諸：（超城員止也）相從相去先知是可五色（長短……前後……輕重……援……）正五諸皆人於知有說過五諸若員無直無說用五諸若自然矣

說明　超城員止也五字、與長短前後輕重援七字、疑當是上文「同異交放」之說、錯入於此、而又有脫文耳。因上文歷舉「有無」「多少」「去就」「死生」十幾個對待名詞、與「員止」（此二字有誤疑當作運止或員直）「長短」「輕重」「前後」宜爲連類而及之文。且「超城員止也」一句、與上文「比度多少也」等句、文法相類。疑長短前後輕重等句、亦當爲「□□長短也、□□前後也□□輕重也」一類、特以錯簡脫文較多、不可訂正耳。「先」當作「旡」「色」當作「也」。

純一案此條梁胡二校並非、孫校可從。「超」疑「起」之譌、「城」疑「之成」二字誤併、張皋文本「城」作「成」可證。「員止」不誤適合五數、皆釋諸也。詳拙箋。「先」字不錯、未悉伍校作「旡」何解。以「長短前後輕重援」爲隔前數條之說、似嫌移置過遠。況須加許多字、始成相類之文、恐不塙。

(二)服執說（音利）【說】服執（誤舊倒）難成說（舊作言說之壞字）務成之

說明　諸服二章、釋諸說二法之利用。

純一案伍校據經正說甚是、足正拙箋從孫校之誤。惟謂諸服二章、釋諸說二法之利用不塙。當作釋諸服二法之利用。經上全篇主要字、皆在句首。則服執說章、主要字必爲服字、非諸字。蓋繼上文口諸而言心服、服卽中庸服膺勿失之服、謂服有二義、或由有所執持、不易成服而卒服者。或由說伺既久、務得其足以悅服之故而成服者。

（三）巧轉則求其故【說】九則求執之

說明　經「巧轉」上脫「丸」字、當據經說補。說「九」當作「丸」、標目下脫巧轉二字、錯入左行。「執」當作「埶」、卽古勢字、又倒誤。原文當爲「丸：巧轉則求之埶」。

純一案以「九則求執之」爲「巧轉則求其故」之說。新頴獨到、足正拙箋從孫校之誤。惟以「九」作「丸」「執」作「埶」以與上下文不相屬、未墒。經「巧轉則求其故」蓋冡上「服」而次之巧。卽孟子盡心篇「不能使人巧」之巧。「轉」通「傳」、孟子以傳食於諸侯、卽轉食於諸侯。釋名釋書契傳、轉也。轉移所在、執以爲信也。謂凡事理足令人服習者、其中必有巧以相傳、卽當求其巧之故果安在。說當作「巧轉、九、則求執之」。白虎通宗族篇云：「九之爲言究也」。謂於巧之相傳、窮其究竟、則可求得其故而執持之。是「巧」爲此條之題、不必改「九」作「丸」爲題。九執二字均不誤。

（四）大益另是一章屬旁行本上行

說明　孫校「大益」當作「益大也」。另是一章、應屬旁行上行。余案「大益」與「儇俱底」上下行互錯。今宜將「儇俱底」移下行、「大益」移上行。上行「損」「益」

對舉、下行「轉丸」「連環」並列．庶文義、文體、行次、三者俱合。

純一案「大益」伍從孫校是也。惟謂「環俱底」章當移下行、不塙。「儇俱底」承上「損」「益」二章言、明損益實無損益、如環無端、並行次均不錯。不得據改「九」作「丸」之誤、又改行次反以致亂。管見詳前旁行公例、並拙箋。

(五)法同則觀其同【說】(法)法：取同觀……(巧轉)

說明　說衍一法字、觀字下有脫文、疑當補一同字。「巧轉」爲右行之脫文、錯入於此．

純一案法法承法同言、言不一法、無衍字。惟說必標經目爲釋、法法上當有法同二字。與「有間」章同例。觀下不補同字、亦通。法法取同觀、言法法之中、必有相同之點。務取觀之、博學也。同卽所謂兼也。莊子德充符曰：「自其同者視之萬物皆一也」是其義。

(六)法異則觀其宜【說】法：取此擇彼、問故觀宜。

說明　說問當作明、形誤。經說下說在者、「問」誤爲「明」。「明」「問」互誤、經說此例最多

純一案法下當有異字、述經目也。問字改明亦通。究以不改爲是。後文「彼舉然者、以爲此其然也則舉不然者而問之」十八字當移此。觀彼此問三字文義亦相屬、知爲一章無疑．

彼此、然不然均所以爲異也。何取何擇、愼思明辨也。問卽審問、總以觀其小故大故、而成正見爲宜。

「巧轉」「法同」「法異」三章、拙箋頗有疑滯。今乃釋然、伍君惠我不淺。

（七）止因以別道【說】以人之有黑者有不黑者也止：黑人與以有愛於人、有不愛於人心愛人、是孰宜心、彼舉然者、以爲此其然也、則舉不然者而問之、

說明　經「止」當作「正」。此「正」字卽經上「合：正宜必」之「正」。說云：「正者用而勿必」卽此義。說「黑」當作「墨」形誤。以人之有墨者有不墨者也一句、應在左行標目文「止」字下、傳寫者誤將第一行標目文寫在第二行也。「止」當作「正」說見上。「人與」倒誤、當作「與人」。二「心」皆「必」字之譌。上「必」字係普通用法、下「必」字乃專門術語、爲三「合」之一。三「合」者「正宜必」也。

純一案伍校此章惟三「黑」字均作「墨」、可從。餘似未塙。「止」字不誤。「標目「止」字譌也、又倒著不黑者下」殊贅。詳拙箋「人與」不必乙、「與」上「人」字當作「者」。兩「心」字當從張校作「止」。「彼舉然者」十八字係上章文錯簡、詳前經「止」冢上三條而次之、篤行也。言利於人謂之巧貫義當辨別同異、擇宜以止之。呂氏春秋疑似篇

『墨子見歧道而哭之』卽欲人皆止於唯一大道而成人、自與衆人別道也。說當作「止：以人之有墨者、有不墨者、止墨者。與以有愛於人、有不愛於人、止愛人。是孰宜止。」言人之不墨者必不愛人、墨者必兼愛人。兼愛人卽巧於利己之道、不愛人者異是。是孰宜止。必當同止於墨道而兼愛人無疑。胡適之校云：「止的意義最重要乃墨辯裏一個重要術語」。誠爲卓識。

（八）缶無非【說】若聖人有非而不非

說明　經「正」作「聖」。說「聖」標目文倒誤。

純一案經從孫校是也。說原文不誤、伍校亦可從。

以上讀伍校經說諸超城員止以下一百三十五字終。

伍先生評欒調甫君對墨辯校釋不同意的十幾條　此間如「同異而俱於之一」「久彌異時宇彌異所」「一偏棄之」「謂而固是也」「不可偏去而二」「宇或徙」「鑑團景一不堅白說在」「天而必正說在得」「景當俱就」諸章、皆由審校行次或行次錯亂與諍管見已寫於旁行公例、不贅。又有須聲明者二例：（一）於伍評完全同意者不說、如「名物達也」「以言爲盡誖」二章是。（二）於所評難下論斷、在己尚須參究者不說如「五行毋常勝」章是漢書藝文志五行三十一家曰「五行者五常之刑氣也小數家因此以爲吉凶而行於世」又陰陽家「因五勝」顏師古曰「五勝五行相勝也」想見當時社會有此常執此章極似據科學破除迷信貴義篇墨子不信日者之言並非命三篇均可證拙箋嘗欲箸其說不決質之欒君亦不爲決因削之今姑附注於此此外謹餘三事言之、姑妄言之。

（一）伍君云：因爲有引說就經旁行本、所以經與說、有同著一塊兒錯的可能性。據我臆定「儇俱底」「體分於兼」「堯之義也」一類、都是同著一塊兒錯的。純一案「儇俱底」章不錯說見前。「體分於兼」章承上言、明大故卽兼小故卽體爲全經開宗亦不錯。經下重在破名相、以堯之義隨意陳說、亦不甚錯。

（二）經說　「盈：無盈無厚於尺無所往而不得得二」

梁校：「得二」兩字乃「倍於二也」經說之錯簡。孫校屬下堅白章、引公孫龍子「無堅得白其舉也二無白得堅其舉也二」爲證、不知下條「白」字乃傳寫者妄加耳。石中堅白相盈、與此文無盈無厚之義、全不相涉。

欒校　「得二」兩字不衍。「尺」字下當有「盈」字、乃分釋有盈無盈之義。其文爲「盈：無盈、無厚於尺、盈無所往而不得、得二」與窮條經說分釋有窮無窮者同。若云：「得二」是錯簡、照古簡字數推算、至少須八九上十個字方可。

伍云：梁校得二兩字非是、但欒校亦非、當移下堅白章、因爲梁先生要刪下文的白字、方說「得二」與公孫龍子「得二」的話無涉。若果下文「白」字不應刪、未見得不涉。梁先生何必舍近求遠、舍有據而求無據呢。欒校據有窮無窮分釋的文例、說「尺」下應增「盈」字、新穎獨到、足供吾輩治墨學者之參考。吾甚喜欒君此條能「以墨辯治墨辯」也。惟連讀「得二」兩字爲句、殊牽强。

純一案伍君評梁欒二君校「得二」兩字並非、(梁誤尤甚)甚是。惟以欒校尺下增盈字爲獨到、恐不塙。竊以有窮無窮冡上文「宇」就「尺」外空間言、故以容尺不容尺爲辭。此盈爲自端至次共九章之中堅、言萬有以盈成體、於尺可驗。當讀「盈無盈無厚、於尺無所往而不得」不可以無盈對舉。欒增盈字、似失其旨。尺當從孫校作石、義更圓滿、詳拙箋並拙作墨學分科物理學。

(三)經　堅白不相外也說曰堅：異處不相盈相非是相外也

梁校　「白不」二字宜衍。因經上每條皆首一字爲句、此條「堅相外也」與下「攖相得也」爲反對之文、經上經說上全未討論到堅白石的問題、乃後世墨者觭偶不仵之辭耳。

欒校　「白不」二字不衍。墨子以前，亦曾有人討論過堅白問題，並不是公孫龍時才有的。并且公孫龍的堅白論是離宗，墨子的堅白論是盈宗。安見經上沒討論堅白問題。

伍云：　「白不」二字當從欒校。至離宗盈宗的話，實在能分析古代堅白論的派別，發前人所未發。惟余以上文「得二」兩字似應如在此處標目「堅」字下，乃直行本的倒誤。

純一案：梁泥牒經之例，所校誤甚。伍從欒校，並謂「得二」兩字當在此處標目「堅」字下，是也。惟「堅」下不從孫校增「白」字，亦泥標目祇一字之誤。至謂離宗盈宗的話，實在能分析古代堅白論的派別，斯所未喻。純一於堅白論，實未深考，雖知堅白論不始於墨子，（孔子已有堅白之說）要自墨子而著。顧就墨子公孫龍言，深信公孫龍祖述墨子以成家。（晉魯勝已有此說）所謂離者，分析名相離其所盈也，別也。所謂盈者，遣除名相盈其所離也，兼也。經說下云：「見不見離，一二不相盈，廣修堅白。」是離堅白以為言，實表堅白不可離也。公孫龍子曰：「於石一也，堅白二也，而在於石，故有知焉，有不知焉，（節經說下之文）有見焉，有不見焉。故知與不知相與離，見與不見相與藏。（藏即經下所謂存）藏故，孰謂之不離？」曰：「目不能堅，手不能白，不可謂無堅，不可謂無白。其異任也，其無以代也。」以上皆發揮見不見離之義。「堅白域於石，惡乎離」

卽盈之說也。下文堅未與石爲堅、白固不能自白云云、卽言堅白並無自體、卽是離物無堅無白、是離之正所以盈之。猶佛教相宗之分析名相、正爲遣除名相計也。凡以達一乘無外之旨也。故以離與盈、一而二、二而一、不能分宗也。嘗質之欒君、繼得復云、張子晉先生意與鄙說同。吾知欒君於此有甚深之研究、今知伍君亦然、用此敬祈明教。

以上讀伍評欒對墨經校釋異同條

此篇共分三段、均屬墨經重要問題。聊攄管蠡、甚願與徵繼絕之大君子辱敎之。

民國十二年八月四日寫訖

楊墨之辯

欒調甫

晚周諸子、號稱百家、綜舉其要、儒墨楊名法五家而已。五家之學者、見聞不同、趨舍各異、論道陳義、莫不以辯相爭、以勝爲故、辯說之術、於是乎興。非好爭也、家欲不失其守、而使異已者得明其故、必資於辯說。故世稱儒墨之辯、楊墨之辯、名家惠施亦言與儒墨楊秉辯。然五家中以儒墨楊之辯爲最矣。漢淮南王劉安論此曰：『夫弦歌鼓舞以爲樂、盤旋揖讓以修禮、厚葬久喪以送死、孔子之所立也、而墨子非之。兼愛、尙賢、右鬼、非命、墨子之所立也、而楊子非之。全性、葆眞、不以物累形、楊子之所立也、而孟子非之。』三家立難先後之序如此。其辯爭之辭、墨子非儒者、見墨子書、儒家非墨子、亦見孟子荀子書中。莊周謂『有儒墨之是非、以是其所非、而非其所是』者、大約禮、樂、喪葬之辯爲多、而兩家學術得失之爭、其事可得而說也。楊朱未箸書、非墨之辭無聞。墨家篇籍多湮失、墨之與楊辯者亦無以詳。蓋惟莊周思鉗楊墨之口、而謂『駢於辯者、纍瓦結繩竄句、遊心於堅白同異之間、而敝跬譽無用之言非乎、而楊墨是已。』據斯以談、楊墨之辯、視儒墨爲甚。但堅白同異、爲名家言、楊墨兩家、宗義至別、何以遊心其間、同駢其辯、此其故尙無言者。今觀莊周稱墨者之辯、而謂：『相里勤之弟子五侯之徒、南方之墨者苦獲、已齒、鄧陵子之屬、俱誦墨經而倍譎不同、相謂別墨。以堅白同異之辯相訾、以倚耦不仵之辭相應、』則墨之支流別墨、以談堅白同異爲務、其謂駢於辯者是耶。然莊周謂其相訾、已顯示辯者有立敵之爭、而非一致之談。往日以此據諸子推究其義、頗悟兩宗之辯、而楊墨遊心未懈者、正以其立敵相違而成辯也。

莊周所謂楊墨之辯、蓋別墨與楊朱之徒也。道家自楊朱非墨子、始揚辯辭、以振玄宗。迨後兩家學者、各推所長、爭而弗已、遂成其辯。楊朱雖未箸書、其非墨子兼愛四論、老莊之書、猶可案也。墨者有墨子辯經二篇、今在墨子書中、卽五侯鄧陵所誦之墨經。墨經下篇爲墨子立破之論式、其立量顯過之破、頗可資以考見敵宗、推其往復之迹、以詳究竟。或以楊朱在墨子後、其非墨子不爲墨子所及見、謂辯經所記、不得以證楊墨之辯。（辯經爲墨子箸別有詳考）余以爲不然、蓋老子述道德五千文、其人已在墨子前、況楚爲老子鄉、（此就墨子時代而言）墨子嘗見楚王、墨道盛行於楚。道家老萊之屬、又皆楚人。其爲道家所從出之地可知、而墨子與道家辯者、亦非無因也。昔者孔子南遊、楚狂接輿、長沮桀溺、荷蓧丈人、皆小孔子、儒玄之非、已見乎辭。當墨子世、楚德未衰。墨子入楚、開宗說教、其事匪易。輿生詰難、自必有人。觀墨子魯人、設教於魯、魯之儒生、尚且迭難陳疑、以求勝。墨道南行、楚之大德、寧能淵默而無言。是故辯經所記諸辯、當有爲應楚德之難而爲之者。蓋相傳楊朱爲老子弟子、老子則道家祖也。其流如莊周、田駢、季眞、接予輩、箸書立說、雖不盡與老子同、亦不甚遠。以後例前、其事正同。是故楊朱之年、或不及墨子、而其辯墨子者、亦猶楚之大德與墨子辯也。且墨子辯經以有堅白同異之辯、故南方之墨者傳誦相訾、而墨之與楊辯者、不過復述墨子前辯已了義耳。究其兩家爲辯之淵源、則據辯經以談楊墨之辯、雖不盡得其義、亦不甚遠。因述其辯如次：

一堅白之辯　有離盈二宗。離宗出古辯者、有言曰：『離堅白若縣寓』。其意乃謂石之色性二者、可因時間空間上不同之動作、而離之爲堅爲白、使其不相屬。盈宗爲墨子所立、辯經曰『堅白不相外也』、卽立量破敵宗之辯。大抵辯者之離、乃離物而成之意。墨子主張物意和合、以爲於石堅白同體、旣不可偏去而異處、則於意亦當不相外。此雖無關於兩家之道術、然因道家言精微玄妙處、全由意致、而不可以物形。如令物意同觀、其說將無以立。楊之必爭、墨之必辯、信非無故者矣。余常謂此爲我國思想界兩大支、其關係吾人學術者綦重、擬爲專篇詳之。

二同異之辯　有別合兩宗。別同異、如墨子之辯、儒家之禮、法家之法、皆是。合同異、似出老子、其言曰：『絕學無憂、唯之與阿相去幾何、善之與惡相去何若』、爲斥儒家唯諾之別、（禮記父召無諾、先生召無諾、唯而起、）顯而易見。迨後楊朱非墨子之辯、始成此宗。蓋以物之同異、僅有類與不類、而無至同絕異。且同異之分、有漸無頓、漫無畫界、細微之別、不若順其自然、通合爲一、道家多持合論、莊周齊物最暢此義。其言曰：『無物不然、無物不可、故爲是舉莛與楹、厲與西施、恢恑憰怪、道通爲一。』此謂物無不同、亦無不異、未可執一以爲別也。然因物之類而類之、及其不類而別之、則同異可別。墨子箸辯經分同爲『重、體、合、類』四種、異爲『二、不體、不合、不類』四種、是也。案墨者持辯、以別同異爲務、因樹別宗而謂別墨。以此例彼、楊氏之辯者、合同異、以爲合宗、亦當相謂合楊矣。堅白同異之辯、不但楊墨二氏相訾。後之三晉名家、及齊稷下學者、亦曾瞋目辯之。夫諸子立破、莫不極成、獨此二辯、滑疑不決、非無智也、玄名殊理、詣徹異途、兩行之道、不可以同歸也。故余謂天地有終刧、此辯無窮期。然百家學者、咸思求成於或勝、遂肆情於二辯。其紛囂爭鳴、胥爲非所明而明之、則其以堅白之昧終也、不亦宜乎。

三言盡悖　此道家斥墨子言談而立之宗。蓋同異生是非、是非之所寄者言也。故墨者之辯、首別同異。因同異別、則是非可明。是非明、則言無虛發。言無虛發、則言不悖也。道家合同異、則是非無從生。故莊周曰：『言惡乎隱而有是非、』復曰：『言隱於榮華、』其不以言之是非、爲出於同異、而謂隱依於榮華、則言之所謂者、直是悖耳。案道家貴尙玄音、意旨深遠、爲出世間法、非言可喻、故老子五千文首曰：『道可道、非常道。名可名、非常名。』莊周亦謂：『世之所貴者書也、書不過語、語有貴也、語之所貴者意也、意有所隨、意之所隨不可以言傳也。』因道家貴不言之言、故末流暢爲此論以絀墨。

四辯無勝　此道家斥墨子辯術而立之宗。墨子立辯說之術、所以明是廢非。故辯經曰：『說所以明也。辯、爭彼也。彼讀爲非、詳見鄙注辯、勝當也。』說爲因明之立。辯、猶因明之破。故辯、以爭非爲義、然辯者立敵不能俱非、兩方必有一當、當者辯勝、此猶因明之眞能破。墨子立辯、故持辯有勝。道家自老子已謂：『辯者不善、善者不辯。』末流遂衍爲此論、以非墨子、莊周齊物論述長梧之言曰：『既使我與若辯矣、若勝我、我不勝若、若果是也、我果非也邪。我勝若、若不吾勝、我果是也、而果非也邪。其或是也、其或非也邪。其俱是也、其俱非也邪。案或是或非、爲墨辯所許、俱是俱非、爲墨辯所不許 我與若不能相知也、則人固受其黮闇。吾誰使正之。使同乎若者正之、既與若同矣、惡能正之。使同乎我者正之、既同乎我矣、惡能正之。使異乎我與若者正之、既異乎我與若矣、惡能正之。然則我與若與人俱不能相知也、而待彼也邪。』卽辯無勝論。

五非誹　墨子立辯說之術、正是非、以明去取。立誹譽之名、督善惡、以示趨舍。故辯經曰：『譽、明美也。誹、明惡也。』墨者上譽堯舜、下誹桀紂、卽以督善惡也。莊周曰：『與其譽堯而誹桀也、不如兩忘而化其道。』卽非誹之說。

六學無益　淮南子修務訓引非學者之言曰：『人情各有所修短、若魚之躍、若雀之駮。此自然者、不可損益。』卽學無益論也。儒墨俱重學知、惟老子曰：『習學棄智』。蓋由道家尙自然、以聖、狂、賢、愚係於人之性分、不可爲之損益、故有生知之說、而以設學施敎、齊衆同化、胥爲滑亂天下之性、故非學而有學無益論。昔孔子曰：『我非生而知之者也、好古敏以求之者也』。足證生知之說、流行當世、而此宗非晚師之說也。

以上四論皆爲道家非墨子之辯語。其意雖有在、其辯則全非。故墨子以「其言」破言盡悖論。以「其辯」破辯無勝論、以「其非」破非誹論、而以其非學、破學無益論。夫玄談名理之爭、固難一致。但由名理言之、其辯胥陷入自語相違矣。

七　殺狗非殺犬

八　殺臧非殺人

以上二辯、爲道家斥墨子殺盜非殺人宗、而援其論式以爲破者。蓋墨子以興利除害爲務、因盜害人、故殺盜以除害。其立量曰：『盜人也、殺盜非殺人也。』老子非三王五帝之治、而謂：『禹之治天下、使民心變、人有心而兵有順、殺盜非殺人、自爲種、而天下耳。』故其學者非墨子。其爲謬立邪宗、彰顯他過、故援立殺狗之宗。如七 然在墨者言之、狗犬二名、祇是一實。其爲「重同」、與盜人二名之爲「體同」者殊。故墨子以『說在重』破之。迨後辯者援立殺臧之宗。如八 其以臧人二名之爲「體同」、與盜人相等、辭量已勝殺狗之宗。然盜害人、而臧則利人者也。殺盜實爲除人之害、故非殺人、而殺臧乃去人之利、無異於害人。此不可援殺盜以爲立者。故墨辯釋援曰：『其然也、有所以然、其然也同、其所以然不必同』也。

九兼愛　尸子呂覽云：『墨子貴兼、楊生貴己。』此言兩家宗本之別。墨子貴兼、以天下爲「芬」、而『摩頂放踵利天下爲之』、故有兼愛之說。楊朱貴己、以己爲「芬」、而『拔一毛利天下而不爲』、故有爲我之說。推楊朱爲我之說、使人人爲我、則天下已治、非惟不肯拔一毛以利天下、亦實無需拔人之毛而爲利也。老子曰：『貴以身爲天下者、乃可寄以天下。愛以身爲天下者、乃可托以天下。』卽謂「爲我」者、視其身重於天下、乃可以天下托之。使人人盡可托以天下、則天下之治、自不待言。莊子天道篇記老子問孔子『何謂仁義。』孔子曰：『中心物愷、兼愛無私、此仁義之情也。』老子曰：『意幾乎、後言夫兼愛、不亦迂乎。無私焉、乃私也。』則顯斥墨子兼愛論『夫愛人者、人必從而愛之。利人者、人必從而利之』之言矣。

十尚賢　墨子尚賢以賢治天下者也。老子云：『不尚賢使民不爭。』云：『絕聖棄智、民利百倍』（莊子在宥云『絕聖棄智民利百倍』似是本文）又云『古之善爲道者、非以明民、將以愚之。民之難治、以其智多。以智治國、國之賊。不以智治國、國之福。』（案智指術言）皆顯斥墨家尚賢之說。

十一右鬼　墨子以鬼神靈明能禍福人、故教人祭祀鬼神。老子則云『以道莅天下、其鬼不神。非其鬼不神、其神不傷人。非其神不傷人、聖人亦不傷人。夫兩不相傷、故德交歸焉。』蓋謂治天下者、苟能放道而行、上不違於神明、中不愧於心、下不怍於民。使人得其和、鬼神雖有賞罰禍福之能、而無所施。故其鬼不神、爲其不傷人也。由是言之、道家雖不主持無鬼論、亦不祀鬼祈福。然則楊朱之非者、媚鬼之道也。

十二非命　孔子罕言命、然謂『不知命、無以爲君子』。遂啟後世儒家侈談命祿之門。其言曰：『貧、富、壽、夭、齚然在天、不可損益。』墨子以爲持命任天、必怠於從事、安於任逸、而不可以爲治。故深非之。楊朱曰『不知所以然而然、命也。今昏昏昧昧、紛紛若若、隨所爲、隨所不爲、日去日來、孰能知其故、皆命也。……其使多智之人、量利害、料虛實、度人情、得亦中、失亦中、其少智之人、不量利害、不料虛實、得亦中、亡亦中。量與不量、料與不料、度與不度、奚以異。唯無所量、無所不量、則全而亡喪。亦非知全、亦非知喪。自全也、自亡也、自喪也。』則又因墨子非儒、而伸命說以難墨也。案道家任自然、墨子尙力爲、故有力命之爭、有命非命之說。

以上四論皆墨子所立、而楊子非之。茲據道家說以明兩家之辯、蓋學術得失之爭、有近於儒墨之辯者。夫右鬼、非命本墨子非儒所立、當不爲儒者所喜。兼愛一論、孟子嘗謂其無父、亦爲儒者所非、然則楊之非墨者、尙賢外、固皆儒家所引爲同調者矣。昔孟子闢楊墨而謂『逃墨必歸於楊、逃楊必歸於儒』。其以楊爲近於儒者、殆此故歟。

以上十有二事、皆楊墨劇烈之辯。略述究竟如此、以明二氏爭難往復、意各有在、而非敝跬譽無用之言也。

案老子成書、似在墨子後。列子明人謂出魏晉人手。然其書雖僞、料則採諸子成之。不能與後人憑虛肊造之僞書同論。管見如此、是否有當、敬祈達識者敎之。

乙丑三月二十七日識

梁任公先生書

兩年前、曾得郵寄尊箸讀墨經校釋油印稿、讀之頫首至地。顧函內無書、又無發函地所、悵惘不可言。在滬晤張君、始悉公在齊魯大學任教授、欲通訊承教久矣。牽於人事、忽忽久稽。頃奉大札、幷頌新箸。浣誦驩喜充滿其體。僕於大箸最心折者、莫如堅白論中離盈兩宗之說。此種發明、可謂石破天驚。新箸楊墨辯篇各條、自三至六、明兩派對峙、各自有其條貫壁壘、乃以見經說此四條之非詞費。自九至十二、亦足見老莊諸書、非無的放矢。讀之咸使人相說以解。惟第二條、同異別合論之相爲破立、是否卽天下篇「堅白同異之辯」一語之正解、尚小有懷疑。頃方治他業、未及深思、他日或竟悉從尊說、亦未可知也。今世治先秦學者多矣、既能入、又能出、所見未有如公者。中心藏之、何日忘之。篋中未公布之稿、想尙多、能悉錄副見眎、豈勝願望。燕齊咫尺、何時能奉手商量舊學、翹翹企企。手此敬復

期

梁啟超五月十三日

旁行釋惑

調甫

墨子經上下兩篇、舊本文句前後綜錯、與經說次序弗合。清畢秋帆校墨子據經上篇末『讀此書旁行正無非』句、將經上分句、錄作兩截、爲新考正經上篇。張臯文著墨子經說解、亦本畢說考定經下篇。一時學者、若曹鏡初王壬秋吳摯甫孫仲容所考定本均不出畢張二氏範圍。最近墨辯流行、治是學者、輒好考定兩篇文句、莫不自抒所見、以爲得其究竟。然於經文綜錯之故、與其旁行之義、多置不問。故自畢張以至近日學者考定本、前後不下十餘家、而其兩重之行列參差、不能相值、全乖古本旁行之體則一也。愚自庚戌得古卷兩重文旁行讀之例、以治此經頗有所得、十餘年來未嘗稍疑。前年讀墨經校釋因以古卷旁行之說就正於世。私心自信其於治墨辯學者、不無裨益、然見者屏而不顧也。愚讀伍君非百辯經原本章句非旁行考、服其說之偉。因以拙讀囑丙辰學社代求伍君繩正。伍君頗韙是說、而爲拙讀作評、對於旁行一例、亦有所商榷。愚感其意、思爲文以答伍君之問、卒以人事牽延、直至去年七月間、始將舊著旁行例、並所考簡策之制、與定墨子故書之簡、及竹書無兩重旁行之理、草爲一說。時張君仲如適見伍評而有墨經所著竹簡長短之問、因以拙稿先寄張君求正、張君所著讀伍評亦成、見拙說乃擇錄所論旁行之說相示、諷讀之下、不意賢者之見、竟與私臆大相乖刺。前者張君子晉主張竹書旁行深以鄙說爲非、今張君仲如所見、亦復如是。而余因兩君之見、十餘年來自信之心、不禁爲之蕩惑失所。雖承張君謙懷、推拙說爲日光、而自居於爝火、顧念學問之道、貴在爭非、得是要、譬鄰於自欺。況夫是非二說又不容其並立乎。是故竹書旁行之說誠是、則古卷旁行之例自屬邪宗妄陳。若古卷旁行之例當理、則竹書旁行之說亦應無有是處。二者之辯、將孰使正之。使同乎我者正之、伍君非百方以國事勞頓、有所未暇。使異乎我者正之、愚前復張君子晉、及讀張君仲如聞詁箋嘗以古卷兩重寫法正變六例、及據例考定經下之文就正二君者、均不獲報。夫惑而不釋、是學之憂。而異說紛紜、亦足以使學者無所適從、是不可不辯。因作釋惑以俟賢者論定焉。

鄙著旁行例附在名經注中、大略見讀墨經校釋、但因所論未徹、致生疑滯。張君子晉駁拙例、有三不可解、亦由拙作率略、文句晦昧、不盡達意、深以爲愧、故茲詳說之、兼爲鄙例補所未及。請分三事言之。

一墨子書之歷史：墨子故書爲竹簡。據漢書藝文志著錄七十一篇、當無疑義。然此書實出民間、漢秘所藏、當在漢武敕丞相公孫宏廣開獻書之後、或漢成使謁者陳農求遺書之日。蓋司馬遷著史記爲諸子立傳、紀事雖有詳略、然皆親見其書而始著之。孟荀列傳著墨子於傳後、其言不與墨子書合、足證遷未見墨子而太史之藏、無此籍也。或以「內有延閣廣內秘室之府」太史而外尚有太常之藏、不能遽謂其出民間也。然遷著史、抽金匱石室之書、讀諸子百家之篇、大內太常、苟有所藏、寧容不讀。漢人云。淮南衡山之時、鄒魯儒墨聚於江淮、或其時採進歟。此備爲一說因古人儒墨二字並用間有專指儒家言者而此又言鄒魯儒墨故不敢遽認爲確證也　又漢人論墨子事者甚少而且弗詳、故疑漢秘所藏墨子七十一篇、當是人間孤本。許慎說文引墨子「葛以緘之」及「苐」字、蓋即據漢秘藏本也。董卓之亂、漢獻西遷、秘府篇籍、喪失頗多、墨子書迨亦由是殘佚、而僅存五十三篇、即今所傳殘本之篇數也。至此殘篇、疊經六朝五代之亂、卒得保存於今者、則有數故焉。案今本缺篇由竹書散失說見旁行例　漢季歷經喪亂、學者知經術迂於致用、又不願故步自封、進而徵求實用之學、故刑名兵謀之術出。亂世武人當途、士懷消極、故老莊無爲之說盛、而子學流行、墨子固賴以保存、清談所被、墨辯亦藉以顯聞、此其一也。次則漢武慕神仙、招方士、競談不死之方、李少君乃假墨子致物之術、淮南亦鈔墨子變化爲枕中鴻寶。迨後道流方士、造作並出、由變化而服食、墨子遂列神仙傳而入於道家、在墨子固不幸而蒙金丹告終之譏、然當墨家亡絕、漢秘蕩失之後、其書竟賴道藏而獲存、此其二也。六代唐世。佛老競勝。道士以輯藏爲職志、貴宦以寫經爲功德、今書「正」字作「缶」、爲唐武后所製字、足證其出於唐人寫經本此其三也。然道藏在宋始有刋本、明刋藏本已多譌脫。明嘉靖間南昌唐堯臣所刋單行本、在明刻諸本中爲最佳、序稱得之內府、其文則與明藏無異、蓋卽據藏本刻之。宋刋單行本、收藏家未見著錄、據諸家所記、宋刋道藏外、僅有三卷本、故疑明刋諸本、皆出道藏。清儒治墨子最初若盧抱弓孫伯淵畢秋帆汪容甫輩、皆據明唐堯臣本。或稱陸穩本 自畢刋行世以後、校讎家雖有據道藏諸本爲正者、然俱用畢本矣。據鄙見、墨子傳本源流當如左：

(一)漢秘府藏竹簡原本七十一篇
(二)漢魏間改寫古卷本十五卷
(三)唐人寫經卷子本(以下均十五卷)
(四)宋刋本
(五)明刋道藏本
(六)明唐堯臣刋本
(七)清畢沅校刋本

二經上下篇舊本寫式。

(甲)竹簡原本　案竹簡之制、有八寸、一尺二寸、及二尺四寸三種。據墨子書內諸篇錯簡之文、定墨子書之簡爲二尺四寸、率三十五字至四十餘字。而經上下篇寫式爲連文直下、不分章離句。試舉經下篇篇首五簡寫式如左：每簡三十八九字

經下第四十一
止類以行人說在同推類之難說在之大小物盡同名二與鬭愛食與招白與視麗與暴夫與履一偏
棄之而謂固是也說在因不可偏去而二說在見與俱一與二廣與修不能而不害說在害異類不吡
說在量偏去莫加少說在故假必誖說在不然物之所以然與所以知之與所以使人知之不必同
說在同疑說在逢循遇過合與一或復否說在拒歐物一體也說在俱一惟是宇或徙說在長宇久

右式標目六字佔一簡、當否尚待考。

(乙)古卷分章本　案古卷廣長、尚未能詳言、據私臆度之、疑廣二尺、長數丈、每行在三

十五六字以上。四十三四字以下。（說見旁行例）茲以經上下兩篇、晉唐時尙有讀者、（晉司馬彪魯勝張湛唐成玄英）疑其時學者因經文艱深難讀故爲之分章、又因每章之文過短、不足半行。故列作兩重寫之。至分章之爲晉、抑或爲唐、尙未能辨、但謂晉人則較近耳。（若能證明唐卷子每行字數在三十五字以下則此意當可成立前遊京師見歷史博物館所藏敦煌石室唐寫本惜未及詳考但所見景唐寫卷本無三十字者）試舉經下篇首五行寫式如左：（每行三十六字）

經下第四十一	
止類以行人說在同	所存與者於存與孰存駟異說
推類之難說在之大小	五行毋常勝說在宜
物盡同名二與鬭愛食與招白與視麗與暴夫與履一偏棄之謂而固是也說在因	
不可偏去而二說在見與俱一與二廣與修	無欲惡之爲益損也說在宜

案自秋帆至近世注家考定之旁行本、上下重長章、輒分作二或三行寫之、甚乖兩重旁行之義、其誤蓋由未審古卷今書、其行間長短有異也。鄙著旁行例、有兩重寫法正變六

例錄左：

一　上下重文各依其首章之首一字爲齊格。

二　凡一篇章數奇者、則下重多一行。史記正義謚法解則上重多一行

三　上下重各章、不論長短、皆盡一行寫之。

四　上重長章字多、則佔下重行間寫之、而下重相值之章卽低下寫之、不必與其左右各章之首一字齊。

五　上重長章佔下重行間過多、或下重相值之章字亦多、則下重空置此行、而向左移一行寫之。

六　下重長章字多、而其上重相值之章短者則提上寫之、亦不必與其左右各章之首一字齊。

(丙)刊木本　案墨子刊本、蓋始於宋、據商務印書館四部叢刊中諸景宋本考之、每行大字無過二十四、而小字無過三十者。故刊墨子而欲依古卷兩重排列之舊、則刊本行間無容兩重之餘地、勢不得不將兩重改作連文、此與宋刊之改後漢書朱景等列傳後二十八將名次及史記正義謚法解之兩重作一重、雖有連文一重之殊、而其爲限於刊

本行間過短則一也。後漢書史記正義改作一重、此獨變爲連文者、則因經下篇上一重第三行一章有三十二字之多、亦非刋本一行所能容也。經文上下重綜錯者因刋時改寫者、不知古卷兩重文旁行讀之例、乃依俗讀、順行直下併寫爲連文、致以上一重各章爲奇句、下一重各章爲偶句。而上下各章、奇偶綜錯、間一相承也。愚據史記正義謚法解原本兩重排列旁行讀、及羅點聞見錄記薛伯宣見舊本後漢書二十八將名次作兩重排列。斷定兩重旁行例、唐世猶行而宋始失之。故愚謂三書兩重之文、間錯者、爲出宋刋、似不容再有絲毫之疑義。今錄明唐堯臣本經下篇首五行寫式如左：每行十七字

經下第四十一

止類以行人說在同所存與者於存與孰存

駟異說推類之難說在之大小五行毋常勝

說在宜物盡同名二與鬭愛食與招白與視

麗與夫與履一偏棄之謂而固是也說在因

三應難　古卷旁行之例、雖出管測、然亦附有明證、並非隨自妄陳、其詳見拙例。此著志在說明前例、猶恐讀者未喻、轉生紛糾、故自設難辭、而辨之於左：

甲難云：墨子故書、既爲二尺四寸之簡、率三十五字至四十餘字、則簡篇已足容寫兩重之文、何據而定故書經上下篇寫式爲連文直下。答曰：是有二事可辨也。左傳云：『南史氏聞太史盡死、執簡以往、聞既書矣乃還。』夫太史記事、執簡而不執策、是書簡而後編策也。若如論者、謂墨子當日著經、卽作兩重排列、則在次簡編策之前、單簡而書、分章兩重、勢必直行而下。蓋以墨子務時之聖、棲棲遑遑、行無終日、寧有餘閑、計其篇章前後上下相值之次、單簡而書之乎。藉謂禮云：『不滿百文不書於策』、及後漢書周磐傳云：『編二尺四寸簡、寫堯典一篇』、可爲編而後書之證。則請他辨而觀吾所立竹簡故書經上下篇非兩重旁行之說。案經下鑑章在景章前、據說則當在景章後、經由故書錯簡所致。試據今本改作古卷兩重文、復錄上一重文爲竹簡如左：

6	臨鑑而立景到多而若少說在寡區鑑位景一小而易一大而正說在中之外內鑑團景一 | 小一
7	不堅白說在［　］無久與宇堅白說在因在諸其所然未者然說在於是推之景不徙說在改

8 爲景二說在重景到在午有端與景長說在端景迎日說在摶景之小大說在拖正遠近

第六簡本在第八簡後、蓋由脫簡誤置於前、遂將宇久不堅白章、鑑團景一小一大而必缶章、各破爲兩段。古卷分章者、不知其誤、乃以第五簡末「宇久」二字、連宇或徙章讀、而第六簡之簡尾斷爛脫去「小一」二字、只存「鑑團景二」四字、乃以連第七簡「不堅白說在」讀作一章、其第九簡「天而必缶說在得」遂成半章。而此誤合之二章、亦均不成文矣。若依拙校、將第六簡移置第八簡之後、並於第六簡之末、補「小一」二字、則二章當如下讀、（又疑第六簡首臨字屬第八簡之末章）

宇久不堅白說在□（說在下脫文無從補）

鑑團景一小一大而必說在得（今本天乃大字之譌）

兩章校釋、詳見鄙注、此不複述。但就拙校、第六簡合寫三章。而宇久不堅白章、鑑團景一小一大而必正章、均分寫二簡觀之。不獨子晉仲如竹簡兩重、言無是處。卽非百原本章占一行之說、亦覺難通。然而世之欲駁拙說者、請先理「宇久」「鑑團」之校可也。

乙難云：史志樂歌、以及舊日塾中訓蒙書、兩重文皆順行讀、而此經之文獨作旁行讀、若非著者特創此例、寧容與衆違異。答曰：此章句之異也。古章句之學、分一篇之文義、爲若干之單章、分一章之文句爲若干之短句、其章章異行、句句離字、所以別其畛域、畫其區介、使讀者易於辨句審章、通一篇之文義也。因章有單辭複辭之別、而複辭之章、文至數行、故諸經章句不聞有兩重之本。此經獨列兩重者、正由其爲單辭字少、不盡一行之地耳。史志樂歌及塾中蒙書、皆爲複辭、而其列二或三重者、乃因其句有定字、故視離句之體、有如成重之文、其實非重也。此分章離句二事有別、不可籠統併爲一談。若謂墨子務破古執、誠爲不妄、昔公孟章甫見墨子、聞墨子行不在服之言、乃欲請易、而墨子止之、具見墨子眞能破執。然墨子雖破古執、實亦述作並重、而以破古執爲著經別裁新體之證、則未免古執破盡、今執轉生、恐非所以譽墨子之道也。若謂墨子創作、立此別開生面之局勢、頗費苦心、構此極有組織之文章、則是雕金鏤寶之技、廻文織錦之作、未免擬於不倫矣。

據右列三端言之、本經上下篇分章時代、必在章句興起之後、而勾股點句之法前。其兩重寫式、亦必在卷帛流行後、而簡策廢絕之際。故疑其爲魏晉六朝間人分章而寫於古卷者。夫考定旁行者不爲不多、能言其故者、蓋惟伍君非百。故拙說就正於世、亦惟伍君能教之、而愚蒙伍君之致卒得說明此例、亦可謂至幸矣。（拙著旁行例因伍君之問而加詳）然因張君子晉謂旁行爲墨子經文組織之創例、張君仲如亦執竹簡旁行。慱覺多言滋疑、彌慚識學編淺、未能彰顯過量、生他正解。而以宗義各定、邪正難知、思求正智、先自破執、故述此文、以待賢智、發言申義。或立此顯眞、或破彼顯過、總期立破俱爲眞能、庶可功成勝負、彼此俱明、而爲治此經者、生正解也。

甲子四月十五日

平章胡墨辯之爭

調甫

民國十二年十一月六日上海新聞報揭載章行嚴墨學談備述邇來學者、好誦墨經、每引經中一二事以相高。如梁任公胡適之均有此癖。其指摘任公適之校釋之誤、至謂『時流探索、不遺餘力、而新剖不多、義蘊之資以宣洩者、無甚可紀。』然獨稱許章太炎、且謂墨學者自張皋文以迄適之、終推太炎爲祭酒矣。觀其譏任公經下以言爲盡悖之釋、如高頭講章、指適之經上辯爭彼也之校、爲陷全經於無意義、雖云操辭過直、然亦能顯中敵過。其以尺棰非半、爲惠立墨破、（案此義已見伍非百墨辯解故）而慨夫世之學者、於名墨流別之不能辨、亦具特識。其文既出、太炎首以書應之、以非半與惠施言、取舍不同、爲未經人道。因論儒墨名家根本不同之處、謂能將此發揮光大、則九流分科之恉自見矣。然亦詆適之校爭彼之失、謂其未知說諸子之法、與說經有異。行嚴既復太炎、而以兩書揭載是月十一日新聞報、題其目曰：章氏墨學一斑。時適之在上海、見二章墨談往復之書、牽及論辯之義、謂其爭彼之校、爲武斷賅語、意有未愜、因致書問太炎治諸子之法、與說經之異。然太炎乃言：經多陳事實、諸子多明義理、以剖析經子之異、並泛論訓詁之術、略有三塗、一曰直訓、二曰語根、三曰界說、以明經上辯爭彼也爲界說、而非直訓、且謂爭彼之校、不獨爲贅語費辭、且不可容於墨辯。

行嚴復以兩書、揭載是月十七日新聞報、而題其目曰：墨辯之辯然適之以太炎剖析經子之異、不是絕對的區別、而謂治經治子、皆以校勘訓詁之法爲初步、復以其校定爭彼之理由有三、以明爭彼訓辯、不爲贅語、不爲直訓、行嚴因論適之以彼爲邏輯矛盾律之不可通者七事、爲墨辯三物辯揭載是月二十七日新聞報、時適之已行不及辯焉。愚以三君之爭、雖不免胸存得失、紛洶失態、然其論列之義、頗有裨於治墨辯學者、故樂爲觀彼此之宜、平兩方之爭、以述此論、復因章文散載日報、讀者搜求未易、乃略識其原竟如此。

章文四通、前半論名墨流別、後半論爭彼之義、皆關章胡之爭。茲以名墨流別、章別有嘗應考論二篇。胡亦未之置辯、故僅列爭彼往復之辯而論之、先錄經上經說上說辯三章原文於左、據明嘉靖癸丑本並附拙校

【經】說、所以明也。

【經】攸、不可兩不可也。張皋文曰或攸當爲彼廷梅按張校是也經說牒字正作彼又下章辯爭攸也經說亦作爭彼也是其證

【說】彼字牒凡牛樞非牛兩也、無以非也。

【經】辯、爭攸也。辯勝、當也。攸畢本作彼廷梅案畢據說改經是也

【說】辯字牒或謂之牛、或謂之非牛、是爭彼也。是不俱當、不俱當、必或不當。不若當犬。畢本

必上衍不字

適之校彼爲佊、見中國哲學史大綱卷上二百頁、其說如左、

『爭彼』的『彼』字當是『佊』字之誤。佊字、廣雅釋詁二云『衺也。』王念孫疏證云、『廣韻引埤蒼云、佊、邪也；又引論語子西佊哉。今論語作彼。』據此可見佊誤爲彼的例。佊字與『詖』通。說文『詖、辯論也。古文以爲頗字。从言、皮聲。』詖、頗、佊、皆同聲相叚借。後人不知佊字、故又寫作『駁』字。現在的『辯駁』、就是古文的『爭佊』。先有一個是非意見不同、一個說是、一個說非、便『爭佊』起來了。

此適之爭彼之說也。行嚴所作名學他辨一文（東方雜誌十七卷二十號）駁之云：

果如適之所言以爭駁詁辯、則與辯者辯也、又何以異。貴義篇有曰『皚者白也、黔者黑也、』亦巍然爲一達詁。然設爲瞽者交相告語之辭、過此以往、無多意義、以示科學家將焉用之。今辯爲爭駁、了無新義、豈非與瞽者論黑白同價、名家作界、等諸律令、爲後來一切推論之張本、與訓詁之所爲、迥乎不同。況辯字爲墨經命脈、尤與尋常界義有別、開宗正名、焉用此膠漆混淆之樹義爲哉。

太炎致行嚴第一書云：

自適之以爭彼爲爭彼、徒成費詞、此未知說諸子之法、與說經有異。（說文詖字本訓辯論、假令以訓詁說經則云辯爭詖也、自可成義、然墨經非爾雅之流、專明訓詁者比、以此爲說、乃成騃語爾）蓋所失非徒武斷而已。

其第二書云：

諸子多明義理、有時下義簡貴、或不可增損一字、而墨辯尤精審、則不得更有重贅之語。假令毛鄭說經云『辯爭彼』則可、墨家爲辯云『辯爭彼也』則不可。今本文實未重贅、而解者乃改爲重贅之語、安乎不安乎。更申論之、假令去其重贅、但云『辯爭也』此文亦祇可見於經訓、而不容見於墨辯。所以者何、以墨辯下義、多爲界說、而未有直訓者也。訓詁之術、略有三塗、一曰直訓、二曰語根、三曰界說。如說文云：『元始也』、此直訓也、與翻譯殆無異。又云：『天巓也』、此語根也、明天之得語、由巓而來。又云：『吏治人者也』、此界說也、於吏字之義、外延內容期於無增減而後已。說文本字書、故訓詁具此三者。其在傳箋者、多用直訓、或用界說、而用語根者鮮矣。其在墨辯者、則專用界說、而直訓與語根、皆所不用。今且以幾何例之、此亦用界說者也、點線面體、必明其量、而不可經以直訓施之。假如云『線索也』、『面冪也』、於說經亦非不可、於幾何原本可乎不可乎。以是爲例、雖舉一『爭』字以說『辯』義、在墨辯猶且不可、而況『爭彼』之重贅者歟。諸子誠不如墨辯然大抵明義理者爲多。諸以同義之字爲直訓者、在吾之爲諸子音義則可、謂諸子自有其文則不可。

此二章駁適之之說也。雖云指斥過情、然足以救正適之校釋之誤、觀適之復書申辯、所見已進一步。其言曰：

『佊』字吳鈔本作『彼、』(案此語未詳適之所據疑有誤) 而『彼』字或作『攸』、我校『攸』字『彼』字均爲『佊』字之譌、理由有三。(一)『佊』字篆文作[illegible]、最近『攸』字、而與從彳之『彼』不相似。(二)『佊』字之譌爲『彼』、此因鈔胥不識『佊』字、改爲『彼』字、有論語彼哉彼哉一條、可爲例證。(三)『佊』字之義、墨經訓爲『不可兩不可、』此爲名學上之矛盾律、經說所謂『不俱當必或不當』釋此義明白無疑、此種專門術語、決無沿用彼字一類那樣極普通的代名詞之理、而詖字有論辯之義、佊詖同聲相通段、故定爲佊字。知『佊』字在墨辯爲專門術語、然後知以爭佊訓辯、不爲語贅、不爲直訓。

適之知彼字在墨辯、爲專門術語、而讀『不可兩不可也』爲句、確較舊注斷讀爲佳、(間詁以彼不可斷讀) 然仍抱守其校『彼』字之是、而謂以『爭彼』訓辯、不爲語贅、不爲直訓、固執之見、殊所未喻。考本經上章次排列之序、凡一章之界所下字義若爲專門術語輒於本章之前先立一界以明之。如『言出舉也』章前、爲『舉』字立界、『賞』與『罰』章前、爲『功』『罪』二字立界、『纑間虛也』章前爲『間』與『有間』立界、『似』與『次』章前、爲『攖』字立界、皆顯然成例。則『辯爭彼也』章之有『彼』字、當然與前六章爲一例。其以『辯』爲『爭彼』、與以『言』爲『出舉』、二章詞語亦復相類。則『爭彼』不爲辯駁之『爭彼』、判然可斷。蓋謂墨經作者以辯駁爲『辯』、不若逕以『不可兩不可』界『辯』、反可使其義恉明顯。果如適之所校、不獨『爭彼』二字之爲贅語、亦覺當日作者、毫無裁制、謂非駢語而何。然適之不服其校之失也、轉謂『人之誤解起於以駁訓彼、此因當日著書、過求淺顯、反致誤會』則吾實不知其說之何在矣。太炎論適之校誤、不爲無見、而謂適之不知說諸子之法、與說經有異、則不免興至溢言、初不思及治古書之法、何以經子有異。其應適之也、謂『經多言事實、諸子多明義理、治此二部書者、自校勘訓詁而後、即不得不各有所主、張此其術有不得同者、故賈馬不能理諸子、而郭象張湛不能治經、若王俞兩先生、則暫爲初步而已耳』亦覺立論空泛、持故無根。蓋謂賈馬治經、明於通段、足以辨析古字雅訓、象湛理子、契於深遠、足以揮發微言深義、而爲兩家之長、此言自無可議。若以賈馬治經、明宣聖意、象湛理子、振掉玄音、謂爲經師玄學、家法攸異、不可同工、則其立量有過、不待辯知。因輔嗣周易之注、辭旨條暢、祭酒鴻烈之詁、義訓明顯、足證治經理子、初不限於儒玄、亦別無二法。故吾謂假令賈馬理子、象湛治經、亦必有可觀者焉。然則太炎所謂『故賈馬不能理諸子、而郭象張湛不能治經者』果何所得而成此故耶。觀太炎之意、蓋以經多言事實、故非有賈馬之學不能治經、諸子多明義理、故非有郭象張湛之思、不能理諸子、是則必使其人兼賈馬之學、而有象湛之思、方許其治經理子。精而論之、其挾一技之長者、雖學而治經、思而理子、亦終不免罔殆之譏矣。此種例證極多稽讀漢晉人注及清代漢學家古今文學者之書當能辨之以上僅就治古書根本方法言之若論事實不但治經理子有別即羣經諸子亦各有別此不得並爲一談者至以事實義理、爲經子二部之區別、亦非隆正之議。夫六略四部之目、不過著錄家爲總輯羣書、便於依部相次、非謂天經地義、定不可移。劉略分六藝諸子、而以太史公百三十篇附次春秋、是謂六經皆史、而太炎事實之論、猶可言也。若在後世、史由附庸、晉爲大國、遂破六藝而爲經史二部。如謂經多言事實、則史亦言事實、仍六藝之舊、史當附經、正史之名、經當入史、既立經史二部之目、雖云六經皆史、若因六經定於孔子、諸史創於史臣、是以津流異別、則六經以孔子而尊、經當入子、列於儒家之首、於義方順。然而六略四部之分六藝諸子、及爲經子之別者、亦因漢武罷黜百家、推崇儒術、二千年來、爲儒家一統之天下、其掌司文籍器目部略、自有其權衡之意。如漢人謂諸子爲六經支與流裔、但就儒家一方面言之、豈非成理之談哉。故使太炎拘其經生之業、晝其經子之界、談其治經理子之法、則吾不敢復有片言誹議。若志在理董古學、奮發國華、上宏先師未竟之緒、下開後生問學之塗、似宜另立機樞、別樹規模。若拘牽陳言、競爭小失、如此之類、非所望於賢者也。然太炎謂『墨經非爾雅之流、專明訓詁者此』又曰『其在墨辯者、則專用界說、而直訓與語根皆所不用』大足以破治墨經而陷入小學者之迷妄。雖太炎曩以爾雅說文强解經下殺狗非殺犬之論、而其發此誠言、確有裨於治墨辯學者、不僅其爲顯過已也。

適之曰『治古書之法、無論治經治子、要皆以校勘訓詁之法爲初步。校勘已審、然後本子可讀、本子可讀、然後訓詁可明、訓詁明、然從義理可定。但作校勘訓詁的功夫、而不求義理學說之貫通、此太炎先生所以譏王俞諸先生暫爲初步而已。然義理而不根據於校勘訓詁、亦正宋明治經之儒、所以見譏於清代經師。兩者之失正同。而嚴格言之、則欲求訓詁之愜意、必先有一點義理上的了解、否則一字或訓數義、將何所擇耶。故凡暫爲初步而已者、其人必皆略具第二步的程度、然後可爲初步而有成。今之談墨學者、大抵皆非薄初步而不爲以是言之、王俞諸先生之暫爲初步、其謹愼眞不可及了。』案適之所言、確爲治古書必至之程序、不過適之校學、推崇王俞通段辨誤、動改古書、不免時有謬失、如改辯爭彼之『彼』字爲『佊』讀離堅白之『離』字爲『麗』之類、全未領略經文、詳究古人立辯之義。徒矜持其通段辨誤之博、以此爲治古書不二法門、則纂詁聲類之書、俯拾卽是、何待學者而始爲之。余前讀梁任公墨經校釋嘗謂『王引之俞樾好用上文或下文作某與此文義相應或相合的話、來校讀古書、我總覺得這種辨法不正當。因爲古人是用文字來說事理、並不像後人專門作空調死板的文章、可用那調子文例來猜度的』。正以校勘訓詁、當求義理學說之貫通、非謂義理可不根據校勘訓詁也。適之穎悟過人、又好治清代漢學家言、其校勘訓詁、俱有法度、剖析義理、尤有偉識、獨惜其未能貫通全經、詳究條例、辯其所以、乃撫拾王俞唾餘、依稀形似、陳其猜疑、或謂鈔胥奮筆、或謂淺人妄改、致生紛惑、如此之類、殆不免王壬秋譏畢注所謂『見一近似古字、輒引字書、以爲新奇、疑其僮妾所爲』者矣。吾觀清代學者、蓋亦有見於治古文學者、迂曲不明大義、故今文一派、莫不痛詆古文大師。然其矯枉過直、至鄙校勘訓詁之學而不爲、不免空談義理、虛誣貿實、而爲治古文學者所譏。仲尼有言『學而不思則罔、思而不學則殆』此兩家之蔽也。故今之學者、誠欲商量舊學、啟迪新知、亦惟取舍兩家短長、貫通學思兩塗而已、何初步二步之有哉。孫仲容墨子間詁曹鏡初墨子箋可以代表此二派行嚴因適之謂『不可兩不可』為邏輯之矛盾律、而以七事駁之、復曰：『愚之辨此、蓋本墨子非而易之說、非敢恣也。兼愛篇曰：「非人者、必有以易之、若非人而無以易之、……其說必將無可焉、」愚之所以易之、簡舉如次：

『凡為辯者、非得三事由其部署、辯將不立、歐洲邏輯言三段、印度因明言三支、吾國墨辯言三物、同一理也。大取篇曰：『三物必具、然後足以生』三物者何、以適之所引經與說證之、兩與彼也。兩者何、詞主與所謂也。使執以為辯者、其論材止於兩詞、則一曰甲者甲也、一曰甲者非甲、彼亦一是非、此亦一是非、是非終無由決、是必借重於第三物焉。視第三物與兩詞之關係如何、以定兩詞相互之關係如何、然後兩詞之是非可論。此所謂彼者是也、彼而是則兩詞是、彼而非則兩詞非、彼可則兩可、彼不可則兩不可也、故曰『彼不可兩不可也』。至彼之是非、何以為衡、在邏輯勢且有種種方式、以防『語悖』、如媒詞不盡、媒詞曖昧、皆悖前例也。有悖則有爭、故曰『爭彼』。惠施公孫龍之流、競為詭辯、亂是非、齊曲直、以『辯無勝』相標榜。墨家折之、謂施龍之主無勝、蓋不知有『當』義、不知有『當』義、由不知有『彼』義、故曰『辯勝當也。』而當者、當彼、一曰『當他。』

(見墨經他條)茲請擬所辯之物爲㕧、或謂㕧牛、或謂㕧非牛、疑莫能明也、則立犬以爲彼、先以犬律㕧、再以犬律牛、果其式爲「㕧犬也、犬非牛、故㕧非牛、」將見執㕧爲牛者敗、何也、犬非牛也、牛不當於犬也、故曰「不當若犬。」犬者一所建爲彼之符耳、凡彼之符者皆視犬、故曰「若。」至任舉兩詞、彼此不屬、而又與第三物不屬、則辯無由起、「凡牛樞非牛」是也、義已見前、不再述、如是爲說、似於本條之經與說皎然明白、於全經及古今中外之名家通義亦不忤、適之視此何如。」

行嚴此說、不知適之視之何如、自余觀之、必先有確證、足以證明其所釋「當他」與「不當若犬」兩文確爲墨經本文之義、則其說方可成立、否則亦如任公所謂「諦雖妙、恐非原書之意矣。」故茲僅辯行嚴所據「當他」與「不當若犬」兩文、是否原書之意、案行嚴當他之說、據畢本經說下「辯也者、或謂之是、或謂之非、當也者勝也、」之「當也」二字、其讀也爲他、蓋據王引之墨子書通以也爲他之例。然間詁刪也字、校云：「畢本當下有也字、今據道藏本吳鈔本刪。」行嚴則謂「道藏本妄刪去。」愚案畢本卽據明唐堯臣本而校者、見古今算學書錄唐堯臣本此文亦作「當者勝也、」與道藏本吳鈔本同。本文之意、乃謂辯是與辯非兩方、其能當者勝也。若如畢本當下贅一也字、文便不順、且有以勝釋當之嫌。

唐堯臣本原出道藏、畢本又據唐堯臣本校者、是畢本淵源於道藏而校者當據道藏正畢本之誤、不應以畢本反斥道藏爲『妄删』、此行嚴『當他』之說不能立也。『不當若犬』、本作『不若當犬』、蓋適之校如此、行嚴說似又據任公校釋引伸而爲之者。愚案適之所校、由未悉經說若不若二例。又未研求經說全章之義、奮筆肊改、成此誤失、此行嚴『不當若犬』之說不能立也。行嚴立論兩要點、既非經說本意、復非經說本文、則其說之能否極成、不待辨矣。

爭彼一義、章胡校釋均有未是、其紛爭誇競、亦覺無謂、愚以治學貴在實事求是、而能明其所知、辯其所疑可也。若爭一義、而百說紛陳、不獨無所發明、反添混漫、適之行嚴之爭彼義、似有此失。茲據前說『凡一章之界、所下字義、若爲專門術語、輒於本章之前、先立一界以明之』一例、則明『爭彼』之義、必先定『彼』字之正譌、而定『彼』字之正譌、必先明其『不可兩不可』之界說。夫謂『不可兩不可』是反言其必爲『一不可也』何以謂之『不可兩不可』、何以知其爲『一不可』、則請觀經說下。

所謂、非同也、則異也。同則或謂之狗、其或謂之犬也。異、則或謂之牛、牛或謂之馬也。孫仲容曰下牛字疑當爲亓與上句文例同俱無勝、是不辯也。辯也者、或謂之是、或謂之非、當者勝也。

案經說上「所謂實也」故此云「所謂非同也則異也」猶謂夫實非同則異也。其同而名異者、則此謂甲爲狗、彼謂甲爲犬、以其重同故、彼此可俱當也。其異而異名者、則此謂甲爲牛、彼謂乙爲馬、以其二之異故、亦彼此可俱當也。此兩可之說、無以非者、故云「俱無勝是不辯也」然則彼此相非者、必此謂甲是牛、彼謂甲非牛、其所謂甲同、而是牛非牛之兩名爲非之異、故彼此之說、不可兩可、亦不可兩不可、而必一可一不可、此經說上所謂「是不俱當不俱當必或不當」者也。夫「不可兩不可」之界說既明、則可以定「彼」字之正譌。案「彼」字舊本經作「攸」而說作「彼」畢張均據說校經「攸」字爲「彼」然「攸」字雖無意義、而「彼」字爲彼此之彼、亦覺與「不可兩不可」之界說弗合、適之所謂「此種專門術語、決無沿用彼字一類那樣極普通的代名詞之理」不爲無見也。適之明悟及此、而知舊說之不可通、故徧翻字書、窮搜形似之字、以求其義。既於王念孫廣雅疏證得「廣韻引論語子西佊哉」爲佊誤爲彼之一例證、復以佊字不見古書、乃引同聲叚借之詖頗二字以說之、其用力之勤、治學之愼、誠不可及、惜者僅見佊彼形誤、尚未知彼匪古通也。案彼匪通叚、稍治小學者、均能知之。今引太炎莊子解故彼匪一條、亦取其義與此相近也。

彼借爲匪。小雅彼交匪敖、左氏襄二十七年傳作匪交匪敖、是其證。匪卽非字。此下彼是對舉者、卽非是對舉也。

據『彼借爲匪匪卽非字』、則經『攸』字當依說作『彼』、而讀爲『非』。『非』爲『不可兩不可』、尙有兩證可說。一本經說『凡牛樞非牛兩也無以非也』之『非』字。蓋謂由『凡牛』之名區別而爲『非牛』一名、此兩者爲二之異、不能相非、此反以明非之義也。二經下凡云不可、云不當皆同誖義、經說下『誖不可也』、爲誖字直訓。誖籒文作䛤、與非字从飛下狘、取其相背之義同、則非字直訓、亦當云『不可也』。經云『不可兩不可』者、正謂辯者彼此兩方不能俱非也。

次論『爭彼』之義、經說云『或謂之牛、或謂之非牛、是爭彼也』、卽經說下所謂『辯也者、或謂之是或謂之非』者、乃謂同一物、而此謂之牛、彼謂之非牛、此以『彼謂之非牛』爲非、彼亦以『此謂之牛』爲非、此兩非也、蓋對辯曰爭、不可曰非、故彼此相非爲辯。然夫『非』者以『隅曲是非』言之、則可有兩、以『宇宙是非』言之、則祇有一因。『此牛』是則『彼非牛』非、『彼非牛』是則『此牛』非、此與彼不能並是、彼與此亦不能兩非、故經說曰：『是不俱當、不俱當必或不當』也。其曰：『不若當犬』者、乃謂『或謂之牛、或謂之非牛、」之不俱當非若『或謂之狗、其或謂之犬也、』之可俱當也。復以經之『說所以明也』與『辯爭彼也』兩章、與經說下『彼以此其然也、說是其然也、我以此其不然也、疑是其然也、』參之。則『說』所以明者其然也、而『辯』所以爭者其不然也。辯其不然、尤足證以彼爲非之爲確詁。蓋墨辯之有『說』『辯』、猶因明之有『立』『破』、破者、所以批邪入正、故疑是其然也。

讀張子晉墨經注

調甫

壬戌七月傅君佩青書來謂余曰：『河南實業廳長張子晉先生於墨子頗有研究、著有新考正墨經注……另有一著專解大取亦不日即可殺青大著似可寄子晉先生一份。』因以拙著讀墨經校釋囑佩青代求張先生繩正頗蒙先生垂青而以拙讀糾正校釋各條、尙爲有見書來爲之正謬者、凡八千餘言、並賜以所著墨經注囑爲商榷。余讀先生注覺其義理深邃、遠過皋父仲容二家。拙注以凹鏡釋鑑位、凸鏡釋鑑團、並校正鑑團文、及據施古音佗讀覽施爲駱駝等條、皆私心竊謂不謬者。先生注中、均已道及。昔仲容讀皋文經解謂『補定經下篇句讀頗自矜爲創獲、不意張先生已先我得之、』其驚異感歎、又何以異哉。然任公謂其『考證太少、』非百亦言『滯不能入。』愚以此不足爲是注病者、蓋先生『澄思靜觀研精恉趣、』僅『兩月餘而書成、』其疏失粃繆、自不能免。去年先生以『世亂道喪、人心好險、財力竭蹶、盜匪如毛、實業亦無從著手、』辭職整理所著大取釋義付印問世、尙欲再讀十年書以觀究竟、（謂孫稗餘語）惜者大取一篇付印方已、遽歸道山、不能如其志也。故愚評是注亦如仲容謂皋文經解『善談名理、雖校讎未實、不無望文生義之失、然固有精論足補正余書之闕失者、』可也。先生既亡、其書又不甚顯聞於時、因於讀注之餘、擇其義理可誦者、草爲是讀。

案是注爲辛酉孟冬河南官印刷局排印本、張先生來書云:『拙著墨經注印刷無多、不過贈送知交藉省抄錄、非敢出而問世。』故其書所傳未廣。原目爲凡例、緒論、新考正經上經說上注、新考正經下經說下注、圖說、及舊本經上下經說上下。所謂新考正者、乃引說就經、作兩重排列、而考其章次之前後以爲正。蓋卽據王壬秋經說合篇本而爲之者。案晉魯勝墨辯注敍云:『引說就經、各附其章』爲壬秋合篇所本。伍君辯經原本非旁行考定魯本寫式、經作兩重、而說低一格、另行寫之、亦同壬秋合篇之式、未悉伍君此說何據。以意度之、魯本當如周易鄭玄王弼本合彖象於經加彖曰象曰之例、而加說曰以別之、或可分章、而不必兩重也。且古卷因每行字數在三十六字以上、故經上下章句作兩重排列、若今書行短字少、本不能容兩重文、故刊本改作連文。舊校者如畢秋帆、張皋文、孫仲容、吳摯甫、曹鏡初考定本、一章或佔一重兩三行者、甚覺非順。壬秋乃就兩重排列之本、將經說合篇、非徒無益、且令章次紊亂。若尹候青新釋張仲如先生間詁箋（引說附經而加陰文說字以別之亦列兩重）皆然。蓋由未悉古卷兩重文旁行讀之例、又不悟今書古卷行間之字數有多寡、率意爲之、亦鏡初所謂爲此書創痏之災也。

自序云：『中夏學術之盛、莫盛於春秋戰國之交、卓然成家者有六、卽所謂陰陽儒墨名法道也。漢魏而後、儒家獨尊、道法兩家、猶時與抗衡、陰陽家雖無傳書、而時日忌諱、信從者衆、醫卜星相諸小技、大抵皆演繹此術、有其書而莫有治其學者、惟名墨二家爲甚。墨學以遭儒家排斥而亡、名學則以其論微妙難識、人不樂學而亦亡。墨子書幸存、未盡湮沒、而其精義、則在於經上經下及經說上經說下四篇。其中所言名學、殆居大半、故魯勝謂之墨辯、是墨家實兼名家而二之也。』愚案史談所敘六家、名家漢初已絕、淮南衡山時、鄒魯遺墨、尚聚江淮、此後蓋無聞焉。墨子明鬼變化之術、流入道家、爲方士巫人所祖述、其事至不足道。若辯由惠施公孫龍衍溢光大而爲刑名之學、後世謂之名家、亦不盡是墨子立辯之本恉、且古有楊墨之辯、惠施鄧析之說、顯然派別攸異。大抵墨辯爲正名學、楊辯爲負名學、二家取舍不同、詣徹亦異、惠施鄧析蓋亦不逾斯旨。（詳見拙著刑名宗派源流考）夫名家合楊墨離盈別合而一之、故毛公談堅白同異以爲可以治天下、此與墨子貴兼之道者不同、故名之源出於辯、而墨家非兼名家而二之也。然墨家節用非樂、不投世主之好、而名家篇籍、微妙難識、遂令儒家當衡、法操其實、大道陰陽、風靡成俗、亦中夏之所以困也歟。

緒論云：『堅白之說、不創始於墨子、觀經上首言堅白、祗云「堅白不相外也」、經及說均未舉石字、是明係引用當時通用名詞、經說下雖言「於石一也、堅白二也、」而亦不若公孫龍書之詳盡、可知堅白之說、實公孫龍所造之名學術語也。』案此論甚偉、但以堅白爲公孫龍所造之術語、則與墨子公孫龍二子之時代未合、且於公孫龍書立難往復之意、亦有乖牾。拙著讀校釋嘗引莊子天地篇仲尼稱辯者離堅白若縣寓、以明堅白發生春秋季年、在墨子之前。張君仲如見拙讀、亦引論語陽貨篇『不曰堅乎』『不曰白乎』爲證。然在論者、或不免以莊周寓言十九、不盡可據、論語出七十子後、佛肸之召孔子、時不相及、而謂二證不定、說難成立。姑舍此、而觀三晉大齊之辯者、若惠施以堅白鳴於時、田巴談堅白服稷下、毛公論堅白謂可以治天下、則當時堅白之談、盛於辯口、必不創始於龍、或其同時之辯者矣。次則偏許之宗、不須建成、顯別之義、始有諍立。此堅白之談、必先離而後盈、方順立敵之序。如本經樹堅白不相外之宗、義卽堅白盈、爲立量破堅白離也。龍書主離、而設賓主往復之辭、蓋釋盈宗之難、以伸離堅之恉。若謂離宗首始創論、自生彈詰、以明其義、便無此理。故愚據莊子而謂離宗發生春秋季年、其初論不過志在歷物之意、分石之色性爲二。當墨子之世、其說漸盛、亦以離石之談、違於常識、動人觀聽、有以致之。然墨子憤其淆聽惑心、爲之立量生智、故樹堅白不相外之宗、彰顯他過、至於辯之再三者、蓋因楊朱持離宗之談、與其辯難、其弟子徒屬、又互辯不休。故莊周稱楊墨之辯、游心堅白。阮藉謂儒墨之後、堅白並起。夫言楊墨顯示立敵。所謂並起、明有兩宗。此愚分堅白爲離宗盈宗之說。他拙說先生頗許爲有價値之議論。然謂『事理有分、不能不有合、分卽是離、合卽是盈。離是求異、盈是求同。……離盈乃求理的方術、墨子經上下求同求異兩方術、每每對舉。』質之仲如先生亦謂『所謂離者、分其名相、離其所盈也。別也。所謂盈者、遣除名相、盈其所離也。兼也。……故以離與盈、一而二、二而一、不能分宗』兩論誠有所見。愚所未安者、蓋以堅白祇是辨其離盈、並非求同求異之術、亦無分析遣除之事。必欲謂其合同別異、如儒家之有禮樂、則墨子尙同明辯是已、似毋庸採相宗之說、強合離盈兩宗爲一、而自紊其緒也。然堅白之談、漢晉之間、已無解人、唐宋以降、益成絕響、先生能分堅白爲四、其識亦不可及已。爰錄其說如次。

分析之法、在名學中謂之堅白合觀。經上經下及經說上下所言堅白、約分四類。

一曰：堅白此爲正堅白論。如堅白不相外、廣修堅白、是也。

一曰：不堅白此爲反堅白論。如不堅白說在荆之大其沈淺也說在具、是也。

一曰：宇久堅白此爲理性的分析論。如宇或從說在長宇久、說云長宇、從而有處、宇宇南北、在旦、有在莫、宇從、久、無堅得白、必相盈也、是也。言宇久二義、係因空間時間理性不同、而有區別、其實宇處有久、久時有宇、如堅白之相盈、不能使之分離也。

一曰：無●久●與●宇●堅●白●此爲度數的分析論。如無久與宇堅白、說在因以楹爲摶、於以爲無知也、說在意、於是推之、意未可知、說云：若易五之一、以楹之摶也、見之於其意也、不易先知意相也、若楹輕於秋毫、其於意也、洋然是也。蓋分楹爲摶、本屬一物、而分爲無數小體、無久與宇理性相異之點、故曰無久與宇堅白、據說無久與宇堅白、仍可分爲二類。一曰：有意相的度數分析論。一曰：無意相的度數分析論。若易五之一、見之於其意也、不易先知意相也、此爲有意相的度數分析、言一物而分析爲若干分數、雖未實行分析、而其意相固可先揣測而知也。若楹輕於秋毫、其於意也、洋然、此爲無意相的度數分析、言楹之分析雖至小如秋毫、而尚可分析以達於無窮、惟其度數則非吾人意相之所能知、下文非半弗𣃔亦即此義、在算術中謂之微積分。

『墨經多古字、如義作羛、權作霍、反作仮、比作吡、仳、然多被後人改易。如義字墨經作羛、見說文今本則皆作義、非其故矣。』案此蓋由先生過信王念孫墨子書古字未改之言致誤。考漢人寫書、皆用今文、如周官經鄭司農見本爲竹簡故書、而康成注本已爲今文改易之迹、咸具注中。漢寫篇籍、重在藝文、正猶今人爲漢碑釋文、不尙隸體。故謂諸書古字、惟秘府所藏故書爲然。若漢晉人所寫卷本、必不復存古文、而六朝學者不甚講求小學、破體別字、隨在而有、亦未可率認爲古字也。至說文云：『墨翟書義以弗、』乃謂墨子竹簡故書之義字作羛、既非漢世通行卷本、尤不得逕指爲墨經而據此改經上下仁義字作羛、則又因本書修身篇畢王二校而致誤。案修身篇『貧則見廉、富則見義、』畢校云：『字當爲羛、說文云：「墨翟書義从弗、」則漢時本如此、今書義字、皆俗改也。』王校云『弗於聲義均有未協、弗當作弟、弟古文我字、與弗相似、故譌作弗耳。周晉姜鼎銘我字作弟、是其明證。羛之從弟聲、與義之從我聲一也。說文我字下重文、未載古文作弟、故於此亦不知爲弟字之譌、蓋鍾鼎古篆、漢人亦不能徧識也。』愚讀兩家之書至此、輒爲之噱、不知當日二公著書、何以狂失如是。蓋墨家以不妄取於人之謂廉、而能以財分人之謂義、故必待貧而後見其廉之操、富而後見其義之行、此義卽本經上『義利也』之義字、古書仁義字本作誼、而禮儀字作義、故說文云『誼、人所宜也。』『義、已之威義也。』則其謂『墨翟書義从弗、』當然爲指禮儀之義字、而決非謂仁義字从弗可知也。義誼今古、稍治經書小學者、類能辨之、秋帆之疎、猶有可說、引之父子、博治羣經、小學尤有淵源、而說文不辨今古、如此、其據周晉姜鼎銘、讖祭酒不識鍾鼎古篆、尤爲可議。大抵淸漢學家、好博矜奇、務爲異說、敷陳堆砌、百無一當、亦世所謂嚴察秋毫之末、而目不見泰山者也。先生前以經注囑爲商榷、爲獻替十有一事、『兼』其一也。略具如左、亦望世之治古文者宣究之。

『案說文周禮注古文仁義字作「誼」、禮儀字作「義」、而墨子故書禮儀字作「兼」。據此推想儒書仁義字作「誼」、禮記中庸云「義者宜也」、卽「誼」字之界說。蓋謂人我相宜之謂「誼」。夫事莫不利害相倚伏、利於此者、或有害於彼。故見利之利於我、而不復計其於人有害無害、則其取之也、是爲「小人喻於利」之利。若見其利我、復計其於人之無害、則其取之也是爲「君子喻於義」之「誼」。仲尼九思、「見得思義」、卽當見而計其於人於我利害之宜不宜而思之也。墨子貴兼、不取儒家人我相宜之「誼」而別創利宗之義。故曰「義利也」。此利乃兼利之利。莊子天下篇「墨子氾愛兼利」可證。兼利就其本義言之、凡所作所爲有利於世界人羣者、皆得謂之義。就作用言之、吾之所作所爲、惟以其於人羣有利無利爲衡、而不必顧慮其於一人一己之爲何。因我爲人羣中之一、苟功盡於羣、亦必盡於己。此如大禹治水、使天下之民安、則禹之一己一家亦得安也。人情愛惡利害莫不往復相報。故我爲義以利人、人亦必爲義以利我。是我之利人、卽轉以利我、而利人卽利我也。竊謂墨子立義利之宗、而嫌儒家「誼」字不能該括其義、故假古禮儀之「義」字爲義利之「義」、取其字从羊从我爲祥我也。旣假「義」爲仁義字、當然別取以代禮儀字。然墨子言禮一之於性情、而惡儒家繁登降之禮、務趨翔之節、飾容僞行、弗合於情、故造从弗之𦏵、爲儒家禮儀字。此因兩家宗義不同、文字有殊、不足怪也。蓋至秦統宇內、同一文字、取墨書之「義」爲仁義字、又假法儀之「儀」爲禮儀字。秦制旣定、漢人寫書、一準秦文、故儒墨兩家之書、咸失其故。漢今文大師董仲舒「以仁安人以義正我」之言、已不詳儒墨義字之別。茲幸漢秘所藏周官墨子猶是故書、鄭許二君能識異別、得以辨正其義、亦見治古文學者之可貴也。』

『墨學以兼愛爲主、而旁及於光、重、機械、堅白、異同之辯、以濟其用。……墨分爲三、當卽此三者。莊子所言南方之墨者、苦獲、己齒、鄧陵子之屬、傳墨子辯學者也。禽滑釐善爲守具、傳墨子機械學者也。其他若鉅子孟勝等、大抵皆傳墨子兼愛之學者也。韓非子言有相里氏之墨、有相夫氏之墨、有鄧陵氏之墨。三氏均非墨子及門、當爲墨子再傳或三傳弟子。鄧陵氏傳墨子辯學、已見莊子、相里氏與相夫氏、則不知傳墨子何學也。』案韓非三墨、卽諸子所謂東方之墨、南方之墨、及秦之墨者、六國從橫家、合從連衡、莫不舉秦楚與關東諸侯爲鼎足、然則三方之稱、亦當日之勢然也。莊周謂『相里勤之弟子五侯之徒、南方之墨者、苦獲已齒鄧陵子之屬、俱誦墨經。』則韓非三墨、鄧陵爲南墨外、相里相夫必爲東方及秦之墨矣。據此言之、傳辯學者已不盡是南墨、則三墨分傳機械、辯學、兼愛之說、難以成立。又墨家之有別墨、猶佛門之有因明。因明大師陳那天主、闡立三支、重成規矩、然不謂因明外不聞佛說。則別墨堅白外、亦非不傳兼愛之道、備守之術者、明矣。愚謂墨家三墨之相里、相夫、鄧陵、乃掌三方墨者之大師。其事則尙同於鉅子。鉅子爲墨家世傳之聖、鉅子絕則墨絕。故楚孟勝將赴義、而以鉅子傳於宋之田襄子、以繼墨者之業、而墨者亦以鉅子爲聖人、皆願爲之尸也。墨子書尙同十論、各有三篇、其文雖有詳畧、而大義未乖。是知三墨僅由秦楚中國之界爲別、而不宜與八儒並談。曩張仲如先生聞孫思昉三墨專守之說、嘗舉以問答之如此。別有三墨說

本注已錄入拙注者、茲不復例、但擇其可備一說者若干條、依次附識所見、以備討論。

經上『故所得而後成也』章注云：『故之名義、在名學中爲斷其結果之詞。結果成於種種原因、原因前題也、故斷詞也。』案此注、最精確、已詳於讀解故本章。其釋小故大故云：

『此蓋於所得原因不同之中、而分斷詞爲相對斷詞、絕對斷詞二義。小故、相對斷詞也。大故、絕對斷詞也。又案論理學斷詞又分肯定否定兩項。肯定否定、又分全稱偏稱兩項。必然、肯定也。必不然、必無然、否定也。小故偏稱也。大故、全稱也。』當否則未敢議。

日中正南也章注云：『正南午也。日當午、乃爲日中也。』直參也章注云：『此卽申說上條日中正南之義。蓋日中正南、則垂線必直。東西爲一橫線、以日中垂直線加之、則分爲各九十度之兩直角、而成三線也。案是字說文云：「直也。从日从正」明直者以日爲正也。』案此二章、有經無說、義均未詳。日中章、可與同長及中兩章參之。又經說下說鑑位正景倒景之理云：『起於中、緣正而長其直也』『合於中緣易而長其直也』之兩直字、似均於此直章之直有關。蓋相一線之直、必具三點、故云『參也』

盈莫不有也章注云：『上言形數、此言物理。凡物無單純者、大抵皆合衆質點而成、故一物之體、混合而相盈者甚多、一點之中無所不有。』說注云：『此與下文並以堅白石爲釋。言堅白在石、同體相盈、則彌滿全體、隨在皆有堅、亦隨在皆有白、故云無所往而不得、亦卽所謂相盈也。』堅白不相外也章注云：『此承上條相盈之義。石之體內有堅白二者相盈、白內有堅、堅內有白、兩不相外也。』案此注甚是、論兩章相關、尤具偉識。愚以『堅白不相外也』卽是堅白盈爲墨子特立之宗。說云：『異處、不相盈、相非、是相外也。』則不相外、必爲同處、而相盈者可知。據經上章次通例、『凡一章之界、所下字義、若爲專門術語、輒於本章之前、先立一界以明之。』詳平章胡墨辯之爭則盈章卽爲堅白不相外章特立之界、尤爲顯證。

經下異類不吡章說『麋與霍孰霍』注云：『孰霍之霍、謂肥澤。詩云「白鳥鶴鶴」。是也。』案此注與王壬秋注云『鶴白也。』均可備一說。

鑑位章、改位爲注、校云：『舊本作位、形誤、今校正。注同窪、謂凹鏡也。』案此校與拙注不謀而合、惟其讀『鑑注句景一小而易一大句而正句說在中之外內句』注云：『景一小而易一大、謂窪鏡所成之景、恆較所成之物原形爲大。』則與說不合。拙注此章、讀『鑑位句景一小而易句一大而正句說在中之外內句』此一章實具二義、分之當曰：鑑位景小而易、說在中之外、卽說云：『中之外……而必易』者也。曰鑑位景大而正、說在中之內、卽說云：『中之內、……而必正』者也。『一小而易、』謂所成之倒景、較所照之物爲小。『一大而正、』謂所成之正景、較所照之物爲大、義頗明晰、先生不以爲然、詳見來書。然云：『鑑位鑑團景之大小、物理學上有一定之證、不能憑空隨意解釋、』甚得僕意、故畧具兩注之說於此、而不復辯者、以俟明物理學者共定之也。

鑑團章注云：『團猶丸也、謂凸鏡、』案此注甚是。但校作『鑑團句景一大而易一小句而必正句說在得、』亦與拙校異、詳見讀校釋又案古鑑皆銅製注家以透光鏡釋之非是。周官『司烜氏以夫遂取明火於日、以鑑取明水於月。』遂鑑卽返光凹鏡。遂著其用、遂沿舊名所謂金遂木遂鑑象其形、鑑本浴盆假以名遂本爲一物。考工記『鑑遂之齊、』足證古有凹鏡且銅製也。

或過名也說在實章注云：『言世俗習慣、稱謂之名、往往過誤、與實不符。』案此言過名、似卽『公孫龍子名實論『出其所位』之義。蓋實以實其所實者、正名也不實其所實者、不正之名也。如南陵北邙、其始均由南北立名、迨稱謂既久、雖在南陵之南、北邙之北、亦南北之。夫南北已出其所位、而猶謂者、是以已爲然、故說曰：『知是之非此也、有知此之不在此也、然而謂此南北、過而以已爲然、始也此謂南方、故今也謂此南方。』蓋『或過名也、』言其爲相對、而非絕對的出位之名也。

通意後對章說『問者曰子知羆乎。應之曰：羆何謂也。彼曰：羆施、則知之。』注云：『按羆作羸。羸疑爲駱之假借字、非驢父馬母之羸。施當作它、爲駝之假借字、前漢書匈奴傳「其奇畜、則橐佗、驢、羸、」佗亦駝之假借字。要之羆施必爲一物之名、單言羆則不知其爲何物、兼言羆它則聞者自喻。』案此讀羆施爲駱駝、與拙注合。但謂『單言羆則不知其爲何物』、尙宜商榷。愚以施古音它、故讀𧸖施爲駱駝。騾與駱駝、爲北方之畜、騾在趙簡子之世、始聞於中國、故有牛生馬之問、駱駝當更在後。初見騾與駱駝者、不辨其類、以爲一物、因駝峯隆起如僂人之背、謂之駝駱、正言之猶曰駝騾、小取馬盼牛黃之名、可爲此證。古人以騾駱駝爲同類、如古詩云：見橐駝謂之馬腫背、及小說家所謂山驢王、廬山精之類、蓋亦實然也。經說之意、似謂問者之意在駱駝、而舉騾則不能知、必待彼曰：駱駝、然後通其意而可對也。愚持此說、未敢自信、嘗以問諸先生、不報、今附於此、俟博識者爲我正之。又伍君解故校施爲馳、以邏輯之辭意解之、亦可備一說。

讀伍非百墨辯解故

調甫

近年墨學大行、墨辯亦顯於世。章行嚴有言『邇來誦墨經者日多、談者每好引經中一二事以相高。』足見時下墨辯談風之盛、不亞魏晉淸談、靜觀尺棰、爭夫連環者矣。前年余讀梁任公墨經校釋嘗著讀校釋一文、就正於世、頗蒙海內治墨學者、賜書討論。四川伍非百先生、時在成都圍城之中、不避繁勞、爲余作評梁胡欒墨經校釋異同一文、書來復欲與余『逐條面定、如白鹿故事。』今年又寄示所著墨辯解故、囑爲商榷、其意至可感也。余在學藝雜誌讀伍君釋例三篇、已服其精審、遠非時輩所及、今讀解故、益覺所見未謬。余尙嗜墨如命、微伍君言、已欲將讀是書之所疑者、質諸賢達矣。用是謹就所見、爲讀解故

治墨辯者、重在是非、故論諸家校釋、亦問其義訓當否、無事標榜以取名高、更無用其客氣爲護所短。余前讀校釋今讀解故、皆本所見、直陳無隱、是非得失、固願世之治是學者共辨之、而誹譽所及、亦自信其不阿不諆、想此能爲梁伍二先生及讀者所共諒也。至愚之錯誤、亦隨在自見。如前讀校釋論任公改字、曾以牒二字之變例、非間詁據道藏本改畢本經上恕明也恕字爲𢜔之失。當時自信、確無疑義、卽余友張子晉先生、亦贊同拙說。但以經說上曾兩用恕字、而謂此字尙有來歷。余亦心服先生治學之謹愼、迨見四部叢刊景明嘉靖

本、始知卽著錄家所謂明唐堯臣本或曰明陸穩本者、亦卽畢秋帆汪容甫二家所據校之本也。（案汪中墨子序云：『明陸穩所叙刻、視他本爲完。』又古今算學書錄云畢校明唐堯臣本、爲畢汪校嘉靖本之證。）因據嘉靖本復合道藏本、四庫本、日本放茅坤本、以校畢本乃知畢本恕字、爲畢據說改經、而舊刊本竟無作恕字者。夫一字之校、猶難如此、則說墨辯、豈能盡當此吾讀諸家校釋、所以多誹也。至吾誹之可否、治墨辯者、當不以吾誹之多寡爲衡。而世之治是學者果能以理爭非、互申過量、則不但是讀之幸、卽墨辯亦將有緝熙光明之一日。猗歟盛哉、余企望之。

案解詁原書有墨辯定名答客問、（本目作辯經篇名問答）墨辯釋例、辯經原本章句非旁行考三篇、載在學藝雜誌第四卷第二三四號、刋本偶遺未載、甚可惜也。伍君考辯經原本非旁行、與拙著經上下篇旁行例主張古卷兩重文旁行讀者相合。惟伍君對於拙例尚有疑問、愚於伍考亦有獻替、詳見伍君評異同及拙例中、此不復述、但就本經解故各章、論之如次、

經上

【經】故所待而後成也（文悉依解故）

案本章原文爲『故所得而後成也、』伍君據經說上『故也必待所爲之成也、』改經『得』字爲『待』。又据莊子大宗師『夫知有所待而後當、其所待者、特未定也、』以伸待義、當否未敢定。但以經上『使謂故』章與本章之兩『故』爲同字異義、似難並爲一談。且墨子著經以立名本、用字立界、不必盡本蒼沮舊訓。如墨子故書仁誼字作『義』禮義字作『羛』、一以義字从羊从我、明墨家兼利之宗、一以羛字从羊从弗、著儒者儀容洋然而弗合情之義。其叚借造字之端、不能概以籀篇說文拘之。考『故』字在本經及說約有三義可說。（惟經下『偏去莫加少說在故』章之故字、尚未能確解）經上『使謂故』章之『故』、卽畢注引說文『故使謂之也』。此其本義。經說上『霍爲性故也』之『故』、卽張皋文解所謂『故者非性所生、得人爲乃成、』爲其引伸義。至本章『故』字、乃墨辯特立之名、欲知其義、觀其所界可也。舊注以章太炎釋爲因明之因、（諸子學略說云：『墨子之故、卽因明之因、必得此因而後成宗、故曰所得而後成也。』）張子晉釋爲邏輯之判、（墨經注云：『故之名義、在名學爲斷其結果之詞。』）兩說能得其義。但太炎謂『必得此因而後成宗、』則成者是宗、非因、此尚須商榷者。子晉之釋較當、但說有未晰處。愚謂此『故』字卽大取以故生以理長以類行之『辭』、不過常語之辭、有誠有妄。故之爲辭、有誠無妄。

以辭因意生，故由辯立，爲眞知爲鑒見。以因明言之，『辭』『故』俱爲能立，而『故』則眞能立也。邏輯家之釋判，義尤顯豁。Whately 曰：『夫辭之由一辯說之原而推得者，謂之判。』"That proposition which is inferred from the premises of an argument is called the conclusion." 而 Taylor 曰：『夫事之僅言其然者，謂之辭。待種種思辯而得其然者，則謂之判。如謂「惰而揮霍將使人貧」，辭也。待用辯以證其然，而後乃謂「故惰而揮霍將使人貧」則判也。』"When something is simply affirmed to be true, it is called a proposition; after it has been found to be true, by several reasons or arguments, it is called a conclusion, 'Sloth and prodigality will bring a man to want,' this is a proposition; after all arguments have been mentioned which prove to be true we say, 'therefore sloth and prodigality will bring a man to want'; this is now a conclusion." 據此墨辯之故，其所得而後成者，爲得於辯說之故，與理可知。然墨辯有小故大故之名，而邏輯無之。但一連珠之小原，必爲其前一連珠之判，因小原非判，則其連珠所得之判，便非眞立。然則一連珠之小原，亦可依墨辯而謂之小判矣。（案小原邏輯家亦謂之 reason）但以邏輯家論判局於連珠之形式，故謂以判釋故，不若以因明之宗爲喻之剴切。又伍君以說小故大故爲小吏大吏，謂「一故

出於三表爲墨家新發明之論式、似亦未合、愚以大取故理類三物、卽三表之本原行。說謂小故、卽大取以故生之故、爲因明之因、邏輯之小原。大故卽小取以說出故之故、爲因明之宗、邏輯之判。至『體也若有端』五字、似當作若體之有端、與若見之成見也、爲小故大故之若。其一章兩若、與止章若夫過楹、若人過梁、爲有久不止與無久不止之若同例。伍君移作體章之說、亦覺未安。

【經】舉、擬實也。

伍君曰『舉者、以此名舉彼實也、譬如說石、是指「石頭」小取篇曰：「以名舉實、」是其義。』愚案經說下『或以名視人、或以實視人、舉友富商也、是以名視人也、指是臛也、是以實視人也』則小取之『舉』當訓爲『偁』。至本章舉字、據經文擬實言之、似邏輯所謂概念 concept 易繫辭『聖人有以見天下之賾而擬諸其形容、象其物宜、是故謂之象、』可以釋此義。

【經】中、同長也。【說】……心中自是往相若也。

伍君曰『以長言中、兩端等長、以圓言中、四周等長、故曰「中同長也」心中、中心也。相若等也。』愚案中爲線之中、與圓無關、說心字當屬上讀、『中』爲牒字、自是往之『是』

字、卽指『中』、謂自中往兩端、其長相若也。

【經】厚、有所大也。【說】厚：無唯「斯」大。（斯舊本作所、文義與經矛盾、以意改）

案有厚無厚、見荀子修身篇、有厚之說未詳、無厚見莊子天下篇、爲惠施之談。無厚疑卽幾何之面、無厚不可積、卽幾何家面不可積累而爲體之說。然經云：『厚有所大』、說云：『唯無所大』、而無厚之大千里、亦非『無所大』者、義殊難明。伍君以厚當幾何之體、近是。但以無厚爲無形、又以意改說爲『唯無斯大』、恐涉傅會。

【經】纑（借作壚）間虛也。【說】纑：「虛」也者、兩木之間、謂其「無木」者也

伍君曰『纑、柱上小方木也。兩纑之間、謂其無纑者爲「虛」』。愚案此章經言『纑』而說釋『虛』、當別爲二事。兩木之間爲虛、則虛有修廣與厚可言。間不及旁、爲『無厚』、則『間虛』爲有修廣而無厚之面可知。伍君沿舊注以纑爲柱上小方木、故誤認兩木爲兩纑、但纑字亦難通、疑卽臚字、未悉然否。

【經】〔仳〕（舊本作「似」、據經說改）、有以相攖有不相攖也。【說】仳：有兩（舊倒兩有）端而後可。

案伍君校說『兩有端』爲『有兩端』、又云『尺有兩端』非是。陳蘭甫嘗以幾何之『點』釋『端』、雖云可通、其實墨辯之『端』與『點』之性質微有不同。因幾何之『線』、

兩端均可謂『點』墨辯則謂『尺前於區穴而後於端』是以尺之前端爲『端』後端爲『區穴』而尺祇有一『端』也以『端』爲尺之前端而尺祇有一『端』故經云『體之無序而最前』說云『是無同也』愚以說『兩有端而後可』似謂兩尺相比蓋尺祇有一端兩尺則有兩端其兩端相攖其兩尺不相攖故曰『有以相攖有不相攖也』

【經】（彼）舊本作攸，今據說改，不可一兩不可一也。【說】彼：凡「牛」「非牛」（若樞）舊本作「凡牛樞非牛」牛樞二字不通，據莊子齊物論文義改，蓋此經與齊物論爲針峯相對文故也，兩也無以非也。

案經文當依胡適之讀『不可兩不可也』爲一句。諸家校釋，多涉傅會。伍君據莊子齊物論『彼是』之說，以『彼非』釋『彼』，頗具偉識，拙注此章，彼字讀爲非，已見平章胡墨辯之爭文中。伍君校說『若樞』，引莊子『道樞』之義，亦可備一說。

【經】推類之難，說在之大小，特盡，特舊誤物同名，二與鬭，愛食與招，麗與（暴），暴字據說補夫與履。

【經】一偏棄之，四字依孫校分章

【經】謂無固是也，無舊作而說在固。固舊作因，說無因義，疑形誤，今改正

案此三章，古卷兩重文，分推類之難說在之大小爲一章，物盡同名以下共二十八字爲

一章、伍君分合恐未是。惟校物爲特、而以特盡二字屬上讀、則可從。

【經】不可偏去而二、說在見與值、值、舊誤俱、莊子知北遊篇「明見無值、」值、遮蔽也、郭象注「闇至乃值、」蓋無值不成見、無見不成值、無所不見者、非一無所見也、見值二義相反相成、與一二、廣修、堅白同、爲不可偏去、故取以爲喻、一與二、廣與修、(堅與白)。据經說補三字【說】不標目文舊脫今補見不見離。同麗一二不相盈。廣修(相函)。堅白(不相外)。舊本「廣修」「堅白」下、有脫文、據經說前後文義、及公孫龍子堅白論補。

案此校任意增改、頗爲可議。前讀校釋、雖舉此章、而未及任公所校之失、今並論之。此章經原文作『不可偏去而二、說在見與俱、一與二廣與修。』任公以『見與俱』三字不詞、疑見字當在二字下、俱字當在修字下、又衍一與字、臆校爲『不可偏去而二、說在一與二見廣與修俱。』伍君則以俱爲値之誤字、謂『見値二義相反相成、』又據經說前後文義及公孫龍子堅白論、補堅與白三字、蓋由二君未悉經『見與俱』爲堅白義、又不悟經說乃引離宗之言致以說『見不見離』與經『見與俱』之言弗合、疑其不詞、而刪改之也。經云：『不可偏去而二者、』謂凡二者皆不可偏去。如堅白爲石、堅白之攖相盡、故不可偏去白以爲堅、或偏去堅以爲白、故所見白與所不見堅俱、此堅白爲二之說也。一一爲二、一一之攖相盡、故不可偏去左以爲右、或偏去右以爲左、故左與右俱。此一一爲二之說也。

(見公孫龍子通變論)廣修爲方、廣修之攖相盡、故不可偏去廣以爲修、或偏去修以爲廣、故廣與修盈此廣修爲二之說也至經說據拙校當作『堅白見不見離一二、不相盈。廣修、舉不重』此爲分標後釋之例、堅白、一二、廣修、爲分釋之標。皆自爲句、不連下文義甚明顯。乃因舊本堅白二字誤在廣修下、而舊注又誤以『舉不重』三字屬下讀、遂令詰屈不詞、致二君誤校如此。往見胡適之據此文改公孫龍子堅白論『得其白得其堅、見與不見離、不見離一一不相盈、故離、離也者、藏也』一章之『見與不見離不見離一一不相盈』一作『見與不見離、見不見離一、二不相盈』不知次不見離三字爲衍文、(案四庫本作見與不見離則今本上一離字又後人所加)見與不見離、乃謂目見之白、與所不見之堅相離、卽下文所謂知與不知相與離、見與不見相與藏者也。一一不相盈、卽指堅與白、猶謂所見之白、與所不見之堅不相盈、爲其不相盈、故堅白離也。適之讀『見不見離一』『二不相盈』又引易象傳禮記讀離爲麗、頗蹈漢學家甚解之蔽。然其大膽改書憑臆創解、甚足爲古書危矣、特於此附辨之。

【經】住景二、說在重。【說】景：二光夾一光。——一光者、景也。

案此章當從曹鏡初墨子箋以住字屬上讀作景二說在重。曹箋經云：『重兩光也、東西俱有光、則影一東一西、一表而二影也。』說云『二光、重光也、東西各一光、則東西各一影、無影之地、受二光也。有影之地、受一光也。』余注此章自謂粈獲、讀曹箋覺其言簡理足、爲之累歎不已。因錄其箋於此、願世之治是經者、一讀曹箋也。又前與張仲如先生論住字屬上讀、謂『經云「景不徙說在改爲」一是景有改爲而無動也。無動則景皆止。說云、「若在盡古息、」似謂光不至而景在、其景常止、卽反言景不動。然則經言景皆止、此章獨言住、未免辭費矣。』先生既見曹箋、遂以爲然。

【經】不能而不害、說在害。原屬上行第七章、今移此。【說】不：標目文舊倒誤「一舉」下。舉重、不與箴、與疑作舉 箴同鍼 非力之任也。爲握者之觭倍、觭孫云作觭、讀若奇。觭倍猶奇耦 非智之任也。若耳目。

案此章蓋因堅白論離宗目不能堅、手不能白之說、而別樹不能不害之宗、似仍列原次爲是。說『舉不重』三字當屬上讀、已詳前章。此文蓋脫標目不字。不舉鍼者、志不欲也、故云非力之任。爲握而踣、力不敵也、故云非智之任。若耳不能視、目不能聽、皆異任也。公孫龍子堅白論九番賓辭、『曰目不能堅、手不能白、不可謂無堅、不可謂無白。其異任也、其無以代也。』凡賓辭皆主堅白盈者 可爲本章之確證。但伍君所解亦通。

【經】知而不以五路、說在光。光舊誤久

案此章、任公校釋已極醒豁、似不必再下別解。

【經】狂舉不可以知異、說在有不可。

【經】「牛馬」之非牛、與可之同、說在兼。

案此二章、兩重文列在下重作一章、舊注分爲二章、甚是。但讀『說在有不可』爲句、頗覺牽强。愚以『說在有』斷句、而以不可二字屬下讀。『說在有』者、謂舉『牛非馬』以有齒有尾故、則齒尾爲牛馬所俱有。以有角無角故、則有角爲牛一分有、此有之義也。『不可牛馬之非牛與可之同』者、謂以『牛馬非牛』之說爲不可與可之者同也。『說在兼』者、謂舉『牛馬非牛』以牛馬爲兼牛爲體故、（卽二無一之說）此可之說也。然兼幷諸體、兼雖非體、其實則成於體、亦不可竟謂無體、（此二有一之說）此不可之說也。

【經】唱和同遇、舊誤患說無患義草書遇患相類 說在功。

拙校患讀爲串、易繫辭吉凶與民同患、亦同串也。唱、教也。和、學也。論語述而『子與人歌而善、必使反之、而後和之』亦學之之意也。唱和同串、似謂不及我者教之、過我者學之、一身兼教學二事、而行之。論語學而『子曰、學而時習之』時習知其必時學、亦同串也。若說云：『和而不唱、是不學也。智少而不學、功必寡。和而不唱、是不教也。智而不教、功適息。』卽謂唱和不同串之爲無功、而以反證經同串之有功。不得謂說無患義也。拙說仲如採入間詁補箋、太炎頗以爲佳、未悉伍君視之何如。

右十四條爲余讀解故懷疑之處、甚願與伍君及治是學者共商榷之。至全書剖析名理、精闢獨到、實爲向來談墨辯者所未及。而其解經上『止』章、謂『宙以時而成、時依動而生、動因止而有、而止又依宙而存、故曰止以久也。』解經下『所存』章、謂『釋辭性有人與所之分別。……所指在人而所謂在室、則主人而問室。所指在室而所謂在人、則主室而問人。』尤足釋余疑滯。梁任公謂伍君是著『從哲學科學上、樹一新觀察點、將全部墨經爲系統的組織。爲斯學一大創作。』可爲解故的評矣。

甲子八月廿四日

張仲如先生來書摘存

漢陽張仲如先生專精佛景之學、余讀先生講學諸書、服其精粹博大、深得二氏之妙秘、仰止景行者久矣。庚申余來濟南、得識先生於江鏡如博士家、惜以陋劣、未遑請學、迨壬戌夏、始聞鏡如言先生治墨子著書且成、時余方讀梁任公墨經校釋、有所商榷、因囑代求先生繩正、乃獲聞墨子一兼無外之旨、且蒙先生數數賜書、討論墨辯異同、其精義妙緒、足以闡發六篇之奧秘、而不僅爲余一人砭固解蔽已也。因錄其要、公諸同好。並附所見以存往還之義。

甲子十月十一日調甫識

得二、僕以爲當屬下條。作堅白得二、異處不相盈。

案經說上『得二』兩字、尊說當屬下條、作『堅白得二……』義雖長。但『堅』爲牒字、『白』乃孫氏以爲當有、而胡適據以補之者。不若去『白』、列『堅』爲牒字、則以得二起義亦可通。孫氏據公孫龍子堅白論『無堅得白其舉也二……』謂得白得堅分爲二也、似仍屬離宗之談。拙讀分別離盈二宗、說雖無徵、理實可信。因莊荀二子所謂楊墨之辯、鄧惠之談、顯然分派、而晚周百數十年中、三晉大齊、紛競未已者、皆此離盈兩義之爭持。若云楊墨施秉同持一宗之說、則莊周謂楊墨遊心頡滑、與公孫龍自謂困百家之知、窮衆口如辯者、無可解矣、此孫氏之說、所以未敢從也。又『二』字在經與說中有二義、據經說上以『端尺』『二二』說『體兼』此『二』卽『兼』與常語兩箇之義不同、而以惠施『小一』釋『一』、『大一』釋『二』最切竊疑此條『二』字當作如是解、故以『得二』屬上讀、定爲說盈之文。堅白得二云云、僕以經題係『堅白』二字也、胡適據補者、實未之見、竊以『得二』卽是不相外、卽是盈也。莊荀之辯竊以莊周於墨子尙一間未達、荀子瞠乎後矣。莊子齊物恒不出墨子範圍、荀子書亦承受墨教者過半

僕信經上下說上下大取小取皆墨子自著、餘出三墨、或門弟子所述。所以信經說亦墨子自著者、卽因管子有明法版法等解、幷心術上後半卽前半之說明、至孔子之十翼、韓非之解老喻老、皆足爲當時有此學風之證。惟大著謂太炎好用佛理來談墨辯、不甚謂然、僕則以墨經分析名相始、又以遣除名相終、猶之佛教相宗也。以墨子之辭極其別其旨惟一兼也

案經與說及大小取六篇、先生信皆爲墨子自著、管見亦稍有異同、然此六篇作者、諸家所見無一同者、殊有討論之興趣。胡適以此六篇均非墨子所著、而謂出於別墨之手、與尊說正相反、任公已破其說。至任公以經爲墨子自著、而謂下篇有爲後

人補續或竄入者、業於拙稿中駁之。竊以經上下兩篇、當是墨子自著、經說篇中知作智與經不同、疑出後人。大取或在說後。小取則尤晚、以殺盜非殺人見荀子正名、斥其用名以亂名、卽小取所謂墨者有此而非之者也。（莊子天運亦有殺盜非殺之言）至拙讀謂太炎好用佛理談墨辯而不甚謂然者、乃指太炎所作諸子學略說原名明見等篇、有牽强傅會之處、非謂不可以佛解墨也。況在今日而欲鑽研古籍、發揮國學、舍旁通佛及歐學、實無從入手。相宗諸書、僅讀唯識、苦不能通、然知其精微、遠非斯土舊學所逮。先生以相宗之說解墨辯、實具法眼、大著雖未獲讀、然知其必有以發六篇之微者。

胡適以經說大小取六篇出於別墨之手、僕以胡謬。合莊子天下篇韓非顯學篇觀之、明明皆自謂眞墨、相謂別墨、何可謂別墨另爲一派。管見以經上下辭約旨微、非墨子一秉無外者不辯、經各有說、亦非墨子不能確知其定義而爲之辭、管子明法版法之有解、韓非之有內外儲說、皆當時有此文體之徵。先生以說中知字作智與經不同、竊以此或傳寫者爲之；耳。經上止因以別道正無非經下唱和同功諸說、皆似墨子隱以自況也。大取篇僕以爲盡墨學之綱要、理至微妙、冠絕全書。蓋墨之爲道、會物理之宜、達生死之變、原極天地萬物於一兼、必兼乎愛利之大者而取之、亦綜核異同之名實而不遺、是爲大取。若所取非兼乎愛利之大、惟綜括異同以立辯本、是爲小取。墨子恐人執小而遺大、特著此篇、名曰大取、欲人滙萬別於一兼也。（更舉五證不具錄）或以『子墨子之言也』句爲非墨子自著、竊以此句或本作此翟之言也、由服其教者鄭重以易之、因天下無人、乃破除名相、幷泯絕人相、我相、是兼之所以爲兼者、固墨家根本教義也。小取者、小對大言、以所取者不過談辯小道、無關墨道之大也。然墨學正賴『取辯於一物而原極天下之汙隆』（魯勝）故凡墨者莫不大取以爲兼、小取以爲別。（此眞墨別墨所由分也）如宋鈃尹文惠施公孫龍等、莫不禁攻以壽民、亦莫不持辯以接物可證。無如道無封而言有窮、剖析毫芒、卽不免枝指而離本、故俱誦墨經、而取舍不同、皆自謂眞墨、相謂別墨、別對兼言、謂彼持小而遺大也云云、莊子荀子每因墨書立論、荀子斥其用名以亂名（僕）已非之。墨者有此而非之二句、則墨非翟姓、墨稱不自翟始、墨者尤非墨家私名、是不過如儒者之言吾儒耳。

尊稿蝂與瑟孰瑟足證孫校之失、鑑團景一條、尤足釋弟疑滯、亦已照錄入拙稿中。若恕明也改恕作怨、似都講得、本文可解、自以不破字爲上。（道藏吳鈔二本均作恕據說以其知論物似亦當作恕不知究竟如何）

先生說旁行牒字的理由均甚佩。（管見以經上全是演繹法故經文莫不注重句首之標題經下全是歸納法故經文莫不注重句首之結論請示是）

否設或管見不謬則經說下牒舉字當然與經說上不能一例看也梁定例在經說上不錯在經說下不盡然先生以堅白是最古的辯論、則論語陽貨篇不曰堅乎、不曰白乎、亦一證。五行毋常勝說在宜、宜乃多字之譌甚是。以言爲盡悖條講得極好。壬戌八月二十八日

大著讀墨經校釋有三要點、（一）旁行讀、（二）牒舉字、（三）盈離二宗。向以無暇擘覈、未敢妄答。今見伍非百先生所評異同、贊同大著證明帛書分句旁行的可能、極有見地、並所問於先生者云云、均極愜鄙懷。於伍先生墨辯定名答客問墨辯釋例辯經原本非旁行考三篇、尚未獲見、殊疏陋。於旁行讀法末由考訂、不知墨經所著竹簡、或如經長二尺四寸、或一尺二寸、或二尺、或一尺、或長短相間、或非木牘無從推定、卽難測知原寫本的寫法。以是何時何人分句、更難言矣。惜今無梁襄王冢發見、可得竹書數十車、供吾人一研究也。

牒舉字　竊以牒舉經題、莫如公穀二傳、尤莫如易六十四卦之彖傳、然以『乾』『坤』『觀』『噬嗑』『明夷』『升』『井』『漸』『巽』諸卦考之、則梁說凡經說每條之首一字、必牒舉所說經文之首一字、以爲標題。此句在經說中、決不與下文連讀成句之例、已不可通。胡適之後序駁之甚是。但一以胡就牒字駁梁、卽爲牒字所誤。蓋經說不過相經題旨爲文、與公穀之爲傳、孔子之作彖無殊、決非有意牒字。經上重在句首一字、經說上卽說明經首一字、故極

似牒字、實非牒字。若梁說執著牒字之迹、決不與下文連讀成句、殊屬臆斷。易之彖辭、極似牒字者也、然『乾』『坤』『觀』等九卦彖辭、卽不見牒字之迹。經說上可以比知。經下不專重句首字、或重句末一字或數字、故牒字例多半不合、有偶合者、必句首字頗關題旨、故標舉之。管見據公穀二傳並易彖傳推之、敢斷言梁說牒字之例、非經說上下之本意也。

離宗盈宗之說　一向服其卓見、未敢遽爾贊同、今見伍先生云『實在能分析古代堅白論的派別、發前人所未發』而管見所及有差、謹以請敎。一於堅白論派別、實未深考。雖知堅白論、不始於墨子、要自墨子而著。顧就墨子公孫龍言之、深信公孫龍祖述墨子以成家。晉魯勝已有此說：所謂離者、分析名相、離其所盈也、別也。所謂盈者、遺除名相、盈其所離也、兼也。經說下云『見不見離、一二不相盈、廣修堅白』堅上疑脫若字是離堅白以爲言、實表堅白不可離也。公孫龍子曰：『於石一也、堅白二也、而在於石、故有知焉、有不知焉、有見焉、有不見焉、卽經說下之文故知與不知相與離、見與不見相與藏、藏卽經說所謂存藏故孰謂之不離。曰：目不能堅、手不能白、不可謂無堅、不可謂無白、其異任也、其無以代也。』以上皆發揮見不見離之義。『堅白域於石、惡乎離』卽盈之說也。下文『堅未與石爲堅、白固不能自白云云』卽言堅白並無自體、卽是離物無堅無白、是離之卽所以盈之。盈卽不離猶佛敎相宗之分析名相、正爲遣

除名相計也。凡以達一兼無外之旨也。故以離與盈一而二、二而一、不能分宗也。請詳核示知、一不知當否。癸亥六月十九日

狗犬之辨。竊以熊虎之子曰豿、牛子曰㸱、馬子曰駒、與犬子曰狗、義均可通。蓋豿㸱駒狗同從句得聲也。一月十七日

案經上下除臨鑑而立三十五字、顯然爲竹書錯簡外、若經上說上篇末、及經下說下篇首錯誤之處、似亦由竹簡脫爛所致、不得徑謂爲後人校時更動竄亂。蓋自漢至清畢秋帆校墨時、前後千數百年中、能讀墨經者不過魯勝、司馬彪、張湛、成玄英及措讀所指六朝分章之一人耳。藉謂晉唐間、不乏精研名理之賢、不必盡見載籍、則竄亂者亦必爲唐或唐以前人、而今本章次奇耦、各自承接、其爲宋人刊墨子時改寫連文、由誤旁行爲順行所致、根據後漢書史記正義推想、當不甚妄。故管見校經之法、最妥者、先依今本分章寫作兩重文、復按旁讀例、以復原文章次、然後經說相參推校文義、即有爲後人竄亂者、亦不難辯矣。所以謂此者亦以竹書古卷、均已不存、今日治經、僅據今本、非有確鑿證據、足以證明經文譌脫者外、不宜任意刪改其文字、移置其章次也。措讀據牒字例駁閒詁改畢本經上恕字之非、近校唐堯臣

本參之道藏本寶曆本始知畢本據說改經、而舊本無一作恕者、未嘗不慚一知半解、妄詆前人。然則一字之校、猶難如此、而謂某字某章、應在前在後、或譌或衍、如王壬秋輩之書、恐必不然矣。竊謂如王壬秋之任意改字移章、不若守魯勝疑者闕之之例、尚可不致有窮經而經亡之誚也。

致張仲如先生論刑名書

調甫

讀學燈所載先生與行嚴商榷書，甚佩。惟讀魯序以正別爲句，頗覺未安。適之別墨之說，本不極成。然行嚴據魯序以駁適之，則太荒唐。間詁附錄魯序，雖標題晉書，其文實出通志，考晉書勝傳此文本作以正刑名，通志之別，顯係誤字。仲容未檢晉書，又不悟通志譌脫，注謂孫星衍校改，已極疏陋。㲋見梁任公墨子之論理學，竟刪刑字，似兩君均不識刑名二字之義，而以法家刑名，非惠施公孫龍輩所能正，致生此曲失。不知法家別稱刑名，而名家亦號刑名。如戰國策「刑名之家」，抱朴子「刑名之學」，均指名家言也。陳詩珊論中韓曰：「中韓刑名之學，刑者形也，其法在審合刑名，蓋循名責實之謂。今直以爲刑罰之刑，過矣。」陳說當否，姑置弗問。若魯序刑名之爲形名，讀本可通，而「以正形名」語自可解，不煩刪改，强爲傅會矣。間詁譌文脫字，頗誤學者。擬請大䇳據晉書補正間詁魯序脫誤之字，或注明間詁誤用通志之失，以釋學者之惑，爲尤善也。

十二年十一月二十八日

堅白離盈辯考證

孫碌

前年蓬萊欒先生著讀梁任公墨經校釋、其中論堅白一條、微言孤詣、獨有創獲、爲海內學者所稱許。蜀中伍君非百謂其『能分析古代堅白論之派別、發前人所未發。』（評胡梁欒墨辯校釋異同）吾鄉張子晉先生亦謂『從堅白中分出離盈兩宗、……此等極有價値之議論、直可五體投地』及梁任公著清代學者整理舊學之總成績、復云『……欒調甫著讀梁任公墨經校釋、雖寥寥十餘條、然有卓識、明於條貫；其最大發明、在能辯墨子與惠施一派名學之異同。』（見東方雜誌二十一卷十五號）蓋堅白同異、爲古代楊墨及齊晉兩大派最劇烈之辯論、自漢以來卽無解人、若高誘司馬彪成玄英胡三省輩、雖各有所述、大率均屬臆測、既未能究其理趣、自無關於宏旨。（高氏以白馬說堅白、成氏從之、（見淮南子齊俗訓注及莊子疏）司馬氏分堅石白馬而又以堅白爲淬劍之法。見莊子齊物論音義）洎先生著手翻案、分堅白爲離盈兩宗、定同異有別合二派、開墨學之創例、實可爲二千年來未有之發明。任公近寓書欒師曰、『僕於大著最心折者、莫如堅白論中離盈兩宗之說；此種發明、可謂石破天驚』亦唯自有此發明、遂提醒當代一般治墨學家、多從此等處勘入、而後觸類旁通、時有創獲。所謂累年糾紛——墨經是否翟著？施龍是否別墨？——不圖一朝迎刃而解。然則庖丁既已批郤導窾、目無全牛矣、乃若任公諸人之推崇，豈猶過譽哉？

惟細繹讀墨經校釋論堅白條之詞意，原以堅白離盈兩宗指楊墨二家之論辯，並非專指名墨互相訾應也；特恐學者不察，容有誤會，故又根據辯經，參證諸子，而作楊墨之辯，（齊魯大學墨學講義）臚舉十有二事。首列堅白同異，次及兼愛尚賢……，要皆兩家最激烈之論辯。既明其爭難往復，意各有在，而絕非敝跬譽無用之言；復證實堅白離盈同異別合各淵源之有自。是以任公又從而評之曰。『新著楊墨辯篇各條，自三至六，明兩派對峙，各自有其條貫壁壘，乃以見經說之非詞費；自九至十二，亦足見老莊諸書，非無的放矢；讀之，咸使人相悅以解。』夫堅白原為古代極精深之學問，自非末學膚受者所能盡解，亦非一二家所得獨擅，有此益信然矣。

近讀章行嚴先生名墨訾應論及考見其逐條考證，用心入細，或可謂有見於欒師說而作者。第其謂莊子天下篇所記惠施公孫龍之言，是墨經諸辯，其義莫不處處相反，不免多涉牽強傅會，未足據為定論。例如：「飛鳥之影未嘗動也」，本為公孫龍用以解釋墨辯『景不徙，說在改為。』章而行嚴必欲分為二事，謂其一立一破。不知列子仲尼篇所記公孫龍有「影不移，說在改也」之言，與墨辯原文正同，實不能強別為二事。（按列子雖偽書，係出魏晉人之手、而資料則多採自諸子、似非其他僞書可比。）伍非百先生已援張湛列子注『影改而更生、後影非前影』之言、辨正之矣。見東方雜誌二十一卷十七號又梁漱冥先生嘗以羅素活動電影之喻、解釋見鳥（飛鳥）而不見飛之動的原理、其言亦頗與此條相發明：

看飛動的東西而不見飛動、是因爲飛動乃是一種形式、意味、傾向、並不是具體的東西。現量無從去認識、因爲現量就是純粹的現前感覺。這種感覺只好像一張影片。假定那個東西的飛動爲一百刹那、則便是一百的影片相續而起。每一影片是靜止的、雖則有一百個而仍都是靜止的、所以飛動始終不可見、這便是見鳥而不見飛了。

此可見光線雖時時改變、而影之本身反因而靜止、是以人不覺其動也。且欒先生近著墨子之物理學、戛戛獨造、解人之所不能解。其釋此條曰：

景不動者、因景本由光線遇阻改變光度而起差別所致。蓋光自光原直射而來、一遇物體、迫使反耀、其光度便與固有光度成強弱、而物體阻光前進、所蔽之處、亦與兩旁之光度生差別。因其強弱差別之關係、乃見物相物影。藉令物動、則其反耀與蔽處之光度、亦必因之改易更作；反之、光徙亦然。光徙者物相時時改爲人不知者因前相後相其相同故。是故物動而人見相影一若隨之而動，其實皆光線改為也。

按此乃墨經中講光學最要之條，惜歷來俱未得其理，若鄒特夫、殷家儁、馮涵初等，雖號專家，亦祇皮相傅會而已！故不嫌詞費而略為引伸之，以附於此。

他若「南方無窮而有窮」，乃惠施解釋墨辯「無窮不害兼，說在盈否」章，並非言南方有窮而又無窮也。余曩讀墨經，竊見前人為之注者，輒好引莊子天下篇文以證墨經諸辯，其失多在僅因表面字句之偶同，而未能審辨其眞正意旨之所在也。彼行嚴強指莊子天下篇處處與墨辯異者，其蔽亦正由此耳。獨怪「狗非犬」條，確與墨辯「狗犬也，殺狗非殺犬也」一章，為立破之辯，而行嚴竟不能言之，至可惜也！

最近汪君馥炎作堅白盈離辯，見東方雜誌二十二卷第九號又採欒先生之說，謂為名墨訾應之證，似亦未能詳考名墨各家之異同，不免誤會欒說。故有「今本公孫龍子較墨子晚出，龍之徒或有引經說以入其書，而墨之徒似不致引龍說以入其經也」一段駁語。蓋欒先生本以堅白為最古之辯論，彼離宗之說亦發生於春秋之季年，而當墨子之前。讀梁任公墨經校釋引莊子天地篇孔子問老聃：「辯者有言曰：『離堅白若縣寓』」之言，是其確證。厥後墨子起振盈宗，以抗離宗，而楊朱亦復伸離宗之說，以與墨者相詰難，遂有楊墨之辯。如莊子天下篇所言：『以堅白同異之辯相訾』、卽係指楊墨兩家以堅白離盈同異別合之辯相訾也。(苟讀者欲知其詳、有欒師新著楊墨之辯篇在。) 若行嚴雖尙知：『惠子諸義先立、而墨家攻之、有若公輸盤九設攻城之機變、而墨子九距之者然。』而獨不知「諸義」之果爲誰所先立；其假「似」字作冠詞、見名墨訾應論亦足笑矣！

復次今本公孫龍子、隋志錄入道家、原名守白論、至唐陳嗣古賈大隱等作注、始改今名。夫既云守白其主堅白離、殆無疑義；不過名家學說、雖不與墨子相同、然亦非全處於相反之地位者。且惠施與公孫龍之主張、亦不盡屬相同、惠施嘗自謂與儒墨楊秉辯可證。(見莊子徐無鬼篇。) 唐人以秉爲公孫龍之字。由此觀之、名家中實亦有兩派常處於相反之地位者。然則名家主離一派、固與墨家異、而尙有主盈一派、又與墨子同、(欒師嘗據莊子『以堅白之昧終』之言、謂惠施持墨子盈宗之說。) 見哲學第七期讀梁任公墨經校釋未可以一筆抹殺、而遽謂名墨相訾應也。

總之、堅白之說、由來甚久、迭經推闡、至楊墨之時、論辯已烈、後之辯者、若惠施公孫龍毛公田巴之屬、耑恃求勝、遂騁於辯。然其發揮光大以蔚成巨觀、鎔鑄楊墨之說而創立名家、揭櫫新宗、宣揚妙緒、實歸結先秦學術思想上名玄兩大系統之總賬。觀毛公以堅白同異治天下之言、則知其爲說已非淺矣。欒先生謂堅白與後世名家極有關係、亦不刋之論也。夫公孫龍輩、既生楊墨之後、其思想學說、飽受楊墨之影響、斯爲事實；若必謂至公孫龍時代、始與墨家共竄句遊心於堅白同異之間、互相繳繞、倍譎不同、則未免膠柱鼓瑟、昧却本原矣。

然則堅白論辯、曾見於春秋季年、而當墨子之前、其絕非惠施公孫龍時代之產物、已據莊子天地篇孔老問答之言、證之於前矣。至其果作如何解、則自畢秋帆(沅)孫淵如(星衍)汪容甫(中)曹鏡初(耀湘)孫仲容(詒讓)諸人、以至當代學者如章行嚴胡適之等、均未能得之。蓋堅白者、石之色性也、在石本爲同處、而辯者之意、乃謂二者可由時間與空間上不同之動作而離之、爲堅爲白、(拊之得堅、視之得白)使二者各相外而不相連屬。惟因其離堅白、故曰離宗。而墨子則首起反對之、著辯經以立名本。盈堅白而別同異、其言曰：「堅白不相外也」、卽爲立量破離宗之說。考墨子之意、謂一石所函、色性兩端、爲堅與白、堅之中無不白、白之中無不堅、而堅白在石、密合無間、不能分離、故云不相外。今稱墨子爲盈宗者、因堅白不相外、卽指堅白盈也。經說云：「異處不相盈」、乃反證堅白同處之必爲相盈無疑。又經說下云：「堅得白、必相盈也」、亦卽伸堅白相盈不相外之眞義。如此解釋、洵爲不謬。

又案辯經上篇、前半均爲墨學中主要學說之定義、其章次前後排列、頗有裁制、試略舉其例如左：

例：凡一章之界、所下字義、若爲專門術語、輒於本章之前、先立一界以明之。

如：言出舉也章前、爲舉字立界。

賞與罰章前、爲功罪二字立界。

纑間虛也章前、爲間字立界而間字之前復爲有間立界。

似與次章前、爲攖字立界。

辯爭彼也章前、爲彼字立界。

…………

據右例、則堅白不相外也章前、「盈莫不有也」一章、卽因堅白不相外之爲堅白盈、而爲之界者也。

再者欒先生對於辯經極深研幾、覃思念年、著成名經注一書、校讎明確、註釋精當、允稱海內墨辯學第一善本、惜未肯刊行。茲將經說上下中談堅白各章、依例次之、旣錄其所校正之句讀、並略附其詮意、讀者得之、庶能明其義理之所在、且可以窺見名經注之一斑焉：

【經】：盈、莫不有也。

【說】：（牒字省、下同。）無盈、無厚於尺。盈、無所往而不得；得二。

案此爲盈字立界以起下章義也。盈有二義：一爲器滿、一爲堅白。堅白謂同處一體、密合無間；辯經盈字、皆準此義。說分釋無盈、有盈；盈爲不離、則無盈爲離可知。

【經】：堅白、不相外也。

【說】：異處不相盈；相非、是相外也。

案此爲墨子立量破離宗之辯也。經說以異處不相盈之爲相外、卽反證堅白之爲不相外；因其同處而相盈也。

【經】：攖相得也。

【說】：尺與尺、俱不盡。端與端、俱盡。尺與端、或盡或不盡。堅白之攖相盡；體攖不相盡。

案此爲攖字立界、雖以起下次比兩章之義、實兼釋堅白盈。說分攖爲俱盡之攖、俱不盡之攖、或盡或不盡之攖三事。而俱盡之攖、卽堅白盈。俱指堅與白；盡、則經上云：「莫不然也」、義謂堅白之攖、二者相合、無一處不然也。又按堅白之攖、體攖、亦可以化學之化合、和合解之。

【經】：不可偏去而二；說在見與俱、一與二、廣與修。

【說】：堅白見不見離、一二不相盈、廣修舉不重。

按此明堅白之不可離。「不可偏去而二」者、謂凡二之類、皆不可偏去其一而以一言也。「偏去」與「二」皆墨辯之術語、按經上『損偏去也』、是「偏去」即損也。亦即離堅白所謂之離。「二」字當讀如經說上『二之一』之二、即兼所謂一仝量 whole 也。其疊舉「見與俱」「一與二」「廣與修」三論、皆不可偏去者：「見與俱」即堅白之辯、言堅白同處相盈、則堅中無一處不白、白中亦無一處不堅；換言之、即人目所能見之白、與其所不能見之堅俱、而不可偏去堅以爲白、或偏去白以爲堅、即今本公孫龍子堅白論賓辭所謂『堅白域於石、惡乎離？』是也。　「一與二」爲兼體之辯、合衆「體」而成爲一「兼」、分「兼」則散爲衆「體」、合時非體、分時非兼、故不可偏去。今本公孫龍子通變論『曰：「二有一乎？」曰：「二無一。」曰：「二有右乎？」曰：「二無右。」曰：「二有左乎？」曰：「二無左。」曰：「二可謂右乎？」曰：「不可。」

曰：「二可謂左乎？」曰：「不可。」曰：「左與右可謂二乎？」曰：「可。」曰：「謂變非不變可乎？」曰：「可。」曰：「右有與可謂變乎？」曰：「可。」曰：「變隻曰右」曰「右苟變安可謂右？右苟不變安可謂變？」』所論極爲明晰。其言「右」與「左」、不過用以表顯辭句、實猶一一也。蓋言一與一爲二、既有「二」名、其一一之實已變、變則不可偏去一以謂一。因一與一、或右與左、方可謂二；二若無與、則不可謂二；故「無與」一仍爲一、右仍爲右、左仍爲左。「有與」則二自爲二、而一不爲一、右不爲右、左不爲左、是以謂二無一無右無左也。「廣與修」亦爲堅白論中之一義。世界無「無廣有修」或「無修有廣」之一物。卽人之意念亦然。方其舉廣、則修之一念聯帶發生、若舉修、則廣之一念亦聯帶發生。此不可偏去其一而偏舉其一者也。

此章經說原文有倒置字、而注家未悟、又不省其文例、致失其句讀、遂成費解；欒先生校正句讀如此、則其義顯然矣。且此文係說者引離宗之言、用以反證經文。者。其舉堅白、一二、廣修、皆經說分釋經文之標目。「堅白見不見離」、言所見之白、與所不見之堅離。卽今本公孫龍子堅白論所謂：『得其白、得其堅、見與不見離。一一不相盈、故離；離也者、藏也。』（原文有衍誤今刪正）蓋離宗之意、謂：『夫物各有名、而名各有實。故得白名者、自有白之實；得堅名者、亦有堅之實也。然視石者、見白之實、不見堅之實、則堅離與白矣。』※「一二不相盈」者、言二之中、所有一一、均相非、相外、而不相盈也。胡適之曾據此文改今本公孫龍子堅白論「一一不相盈」爲「一二不相盈」。見中國哲學史大綱卷上二百四十八頁不知堅白論一一乃指堅與白言、此文一二乃經說分釋之標目、兩事絕不相蒙。胡先生不審文義、以意改字、如此之類、未免可議。※「廣修舉不重」者、言所舉之廣、不與其所不舉之修、俱。經說下云：「子知是、又知吾所無舉、是重子知是而不知吾所無舉也、是一謂有知焉有不知焉也。』——可釋此「重」字：「舉不重」、卽「一謂有知焉有不知焉」也。此文久無解者、特不憚煩而詳論之、兼以釋汪君之惑云。

【經】：不能而不害。說在害。

【說】：不舉鍼、非力之任也；爲握者之顀倍、非智之任也。若耳目。

案此爲應離宗見不見離之說也。堅白論：『目不能堅、手不能白、不可謂無堅、不可爲無白。其異任也、其無以代也。』卽此義。蓋目之於視、手之於操、皆其能；而目之於操、手之於視、則其不能、爲其異任無以相代之故。如此雖目不見堅、手不知白、亦不害其見與不見俱、而知與不知合者矣。

【經】宇久不堅白說在：：：。（案宇久二字、古卷兩重文屬上章「宇或徙說在長」爲句。宇久下原有說鑑三十五字爲下文脫簡；欒校如此。說在下有脫文、則無從校補矣。）

【經】：無久與宇、堅白說在因。

【說】：堅得白、必相盈也。

案此爲墨子限定可離之條件、實離盈兩派學者辯論中最主要之學說。離宗之「離堅白若縣寓（即宇久、記秦始皇之罘刻石宇縣中即謂宇宙之中是其證）」、乃順時間空間上不同之關係而離之。如堅白論所謂『視不得其所堅、而得其所白者、無堅也。拊不得其所白、而得其所堅者、無白也。』即不在同一之時間視石拊石者也。墨子立此兩章之義：第一、凡二事不在同一時間及同一空間所見者、便非堅白。（此如白黑堅柔之類是。）第二、凡二事在同一時間及同一空間所見者、方爲堅白、而堅白相盈不相外者、因手拊與目視、其動作可在同一時間內行之；且所拊與所視、又同俱於一石體、實佔同一空間。夫堅白之本體與吾人之領納、既在同一時間同一空間而無分別、則所得與所見之意念、亦必相盈而不相外矣。

【經】：於一、有知焉、有不知焉；說在存。

【說】：石一也、堅白二也、而在石；故有知焉、有不知焉可。

案此破離宗堅白偏舉其一之說也。「存」讀經上『或去、或存、謂其存者損』之存。蓋離宗謂堅白爲石、雖同一體、但因見白無堅、故可偏去其堅以爲特立之白、是故於一有知焉、有不知焉；而舉白者不知其所不舉之堅可也。然墨子則謂不知其所不舉者、必其爲不相盡之體；攖如牛馬之兼、馬去牛存、而舉牛無馬、乃可言之。若夫堅白雖由手目異任、而有知與不知；然究竟石爲全在、而無去存可言也。堅白論『於石一也、堅白二也、而在於石；故有知焉、有不知焉。有見焉、有不見焉。故知與不知相與離、見與不見相與藏。』卽離宗之說。經說蓋約其說而許其有知有不知之可、不許其有知有不知離也。

【經】：有指於二而不可逃；說在以二絫。（張臯文曰：『絫當爲參。』孫仲容曰：『二參卽一二三。』）

案孫據堅白論『石之白、石之堅、見與不見、二與三』讀二參爲二三、雖可通、但與經說『衡指之參直之也』不合。經上云『參、直也。』似言指白必與堅相值也。）

【說】：子智是、又智吾所無舉、是重、則子智是、而不智吾所無舉也、是一謂有智焉有不智焉也。若智之、則當指之；智告我則我智之；兼指之以二也、衡指之參直之也。若曰：必獨指吾所舉、毋指吾所不舉、則二者固不能獨指。所欲指不傳、意若未校。且其所智是也、所不智是也、則是智是之不智也、惡得爲一謂有智焉有不智焉？

案此更伸前章之義、而以指破之也。蓋名必有實、實必有指。夫舉白、所指在石、舉堅、所指亦在石、是堅或白有指於二(石)而不可逃。雖堅白之實有見與不見、堅白之名有舉與不舉、而因不能獨指之故、則見與不見必俱、舉與不舉相連、爲終不可離。

【經】：所知而弗能指；說在春也、逃臣、狗犬、遺者。

【說】春也、其勢固不可指也。逃臣、不知其處。狗犬、不知其名也。遺者、巧而弗能兩也。

案此蓋離宗聞有指之辯、因立所知而弗能指宗以應|墨子|也。然堅白有指於二而非弗能指、故|墨子|甄別春、逃臣、狗犬、遺者四事、明所知而弗能指之本體、以別於堅白之爲有指於二而不可逃。

乙丑歲除日，於|濟南|。

中華民國十五年一月初版

（子學社叢書 墨辯討論一冊）

每冊定價銀一圓正

（外埠酌加運費匯費）

編輯者 蓬萊欒調甫

發行者 子學社

印刷者 中華書局

總發行所 中華書局

分售處 中華書局

崇文学术文库·西方哲学

01. 靳希平 吴增定 十九世纪德国非主流哲学——现象学史前史札记
02. 倪梁康 现象学的始基：胡塞尔《逻辑研究》释要（内外编）
03. 陈荣华 海德格尔《存有与时间》阐释
04. 张尧均 隐喻的身体：梅洛-庞蒂身体现象学研究（修订版）
05. 龚卓军 身体部署：梅洛-庞蒂与现象学之后
06. 游淙祺 胡塞尔的现象学心理学
07. 刘国英 法国现象学的踪迹：从萨特到德里达 [待出]
08. 方红庆 先验论证研究
09. 倪梁康 现象学的拓展：胡塞尔《意识结构研究》述记 [待出]
10. 杨大春 沉沦与拯救：克尔凯郭尔的精神哲学研究 [待出]

崇文学术文库·中国哲学

01. 马积高 荀学源流
02. 康中乾 魏晋玄学史
03. 蔡仲德 《礼记·乐记》《声无哀乐论》注译与研究
04. 冯耀明 “超越内在”的迷思：从分析哲学观点看当代新儒学
05. 白 奚 稷下学研究：中国古代的思想自由与百家争鸣
06. 马积高 宋明理学与文学
07. 陈志强 晚明王学原恶论
08. 郑家栋 现代新儒学概论（修订版）[待出]
09. 张 觉 韩非子考论 [待出]
10. 佐藤将之 参于天地之治：荀子礼治政治思想的起源与构造

崇文学术·逻辑

1.1 章士钊 逻辑指要
1.2 金岳霖 逻辑
1.3 傅汎际 译义，李之藻 达辞：名理探
1.4 穆 勒 著，严复 译：穆勒名学
1.5 耶方斯 著，王国维 译：辨学
1.6 亚里士多德 著：工具论（五篇 英文）
2.1 刘培育 中国名辩学
2.2 胡 适 先秦名学史（英文）
2.3 梁启超 墨经校释
2.4 陈 柱 公孙龙子集解
2.5 栾调甫 墨辩讨论
3.1 窥基、神泰 因明入正理论疏 因明正理门论述记（金陵本）

西方哲学经典影印

01. 第尔斯（Diels）、克兰茨（Kranz）：前苏格拉底哲学家残篇（希德）
02. 弗里曼（Freeman）英译：前苏格拉底哲学家残篇
03. 柏奈特（Burnet）：早期希腊哲学（英文）
04. 策勒（Zeller）：古希腊哲学史纲（德文）
05. 柏拉图：游叙弗伦 申辩 克力同 斐多（希英），福勒（Fowler）英译
06. 柏拉图：理想国（希英），肖里（Shorey）英译
07. 亚里士多德：形而上学，罗斯（Ross）英译
08. 亚里士多德：尼各马可伦理学，罗斯（Ross）英译
09. 笛卡尔：第一哲学沉思集（法文），Adam et Tannery 编
10. 康德：纯粹理性批判（德文迈纳版），Schmidt 编
11. 康德：实践理性批判（德文迈纳版），Vorländer 编
12. 康德：判断力批判（德文迈纳版），Vorländer 编
13. 黑格尔：精神现象学（德文迈纳版），Hoffmeister 编
14. 黑格尔：哲学全书纲要（德文迈纳版），Lasson 编
15. 康德：纯粹理性批判，斯密（Smith）英译
16. 弗雷格：算术基础（德英），奥斯汀（Austin）英译
17. 罗素：数理哲学导论（英文）
18. 维特根斯坦：逻辑哲学论（德英），奥格登（Ogden）英译
19. 胡塞尔：纯粹现象学通论（德文1922年版）
20. 罗素：西方哲学史（英文）
21. 休谟：人性论（英文），Selby-Bigge 编
22. 康德：纯粹理性批判（德文科学院版）
23. 康德：实践理性批判 判断力批判（德文科学院版）
24. 梅洛－庞蒂：知觉现象学（法文）

西方科学经典影印

1. 欧几里得：几何原本，希思（Heath）英译
2. 阿基米德全集，希思（Heath）英译
3. 阿波罗尼奥斯：圆锥曲线论，希思（Heath）英译
4. 牛顿：自然哲学的数学原理，莫特（Motte）、卡加里（Cajori）英译
5. 爱因斯坦：狭义与广义相对论浅说（德英），罗森（Lawson）英译
6. 希尔伯特：几何基础 数学问题（德英），汤森德（Townsend）、纽苏（Newson）英译
7. 克莱因（Klein）：高观点下的初等数学：算术 代数 分析 几何，赫德里克（Hedrick）、诺布尔（Noble）英译

古典语言丛书（影印版）

1. 麦克唐奈（Macdonell）：学生梵语语法
2. 迪罗塞乐（Duroiselle）：实用巴利语语法
3. 艾伦（Allen）、格里诺（Greenough）：拉丁语语法新编
4. 威廉斯（Williams）：梵英大词典
5. 刘易斯（Lewis）、肖特（Short）：拉英大词典

西方人文经典影印

01. 拉尔修：名哲言行论（英文）[待出]
02. 弗里曼（Freeman）英译：前苏格拉底哲学家残篇
03. 卢克莱修：物性论，芒罗（Munro）英译
    爱比克泰德论说集，马可·奥勒留沉思录，乔治·朗（George Long）英译
04. 西塞罗：论义务 论友谊 论老年（英文）[待出]
05. 塞涅卡：道德文集（英文）[待出]
06. 波爱修：哲学的慰藉（英文）[待出]

07. 蒙田随笔全集，科顿（Charles Cotton）英译
08. 培根论说文集（英文）
09. 弥尔顿散文作品（英文）
10. 帕斯卡尔：思想录，特罗特（Trotter）英译
11. 斯宾诺莎：知性改进论 伦理学，埃尔维斯（Elwes）英译
12. 贝克莱：人类知识原理 三篇对话（英文）

13. 马基亚维利：君主论，马里奥特（Marriott）英译
14. 卢梭：社会契约论（法英），柯尔（Cole）英译
15. 洛克：政府论（下篇） 论宽容（英文）
16. 密尔：论自由 功利主义（英文）
17. 潘恩：常识 人的权利（英文）
18. 汉密尔顿、杰伊、麦迪逊：联邦党人文集（英文）
19. 亚当·斯密：道德情操论（英文）[待出]
20. 亚当·斯密：国富论（英文）

21. 荷马：伊利亚特，蒲柏（Pope）英译
22. 荷马：奥德赛，蒲柏（Pope）英译
23. 古希腊神话（英文）[待出]
24. 古希腊戏剧九种（英文）[待出]
25. 维吉尔：埃涅阿斯纪，德莱顿（Dryden）英译
26. 但丁：神曲（英文）[待出]
27. 歌德：浮士德（德文）
28. 歌德：浮士德，拉撒姆（Latham）英译
29. 尼采：查拉图斯特拉如是说（德文）[待出]
30. 尼采：查拉图斯特拉如是说（英文）[待出]
31. 里尔克：给青年诗人的十封信（德英）[待出]
32. 加缪：西西弗神话（法英）[待出]

崇文学术译丛·西方哲学

1.〔英〕W. T. 斯退士 著，鲍训吾 译：黑格尔哲学
2.〔法〕笛卡尔 著，关文运 译：哲学原理 方法论
3.〔德〕康德 著，关文运 译：实践理性批判
4.〔英〕休谟 著，周晓亮 译：人类理智研究
5.〔英〕休谟 著，周晓亮 译：道德原理研究
6.〔美〕迈克尔·哥文 著，周建漳 译：于思之际，何所发生
7.〔美〕迈克尔·哥文 著，周建漳 译：真理与存在
8.〔法〕梅洛-庞蒂 著，张尧均 译：可见者与不可见者 [待出]

崇文学术译丛·语言与文字

1.〔法〕梅耶 著，岑麒祥 译：历史语言学中的比较方法
2.〔美〕萨克斯 著，康慨 译：伟大的字母 [待出]
3.〔法〕托里 著，曹莉 译：字母的科学与艺术 [待出]

中国古代哲学典籍丛刊

1.〔明〕王肯堂 证义，倪梁康、许伟 校证：成唯识论证义
2.〔唐〕杨倞 注，〔日〕久保爱 增注，张觉 校证：荀子增注 [待出]
3.〔清〕郭庆藩 撰，黄钊 著：清本《庄子》校训析
4. 张纯一 著：墨子集解

唯识学丛书（26种）

禅解儒道丛书（8种）

徐梵澄著译选集（6种）

出品：崇文书局人文学术编辑部
联系：027-87679738，mwh902@163.com

我思®
敢于运用你的理智